中国策划第一人 **何学林**

何学林是中国策划业开山鼻祖和教父级人物，中国策划业和创意产业真正的开创者，中国第一代著名策划家，一直引领中国策划业，经常被模仿甚至被剽窃，但从未被超越。是中国策划界从业最早、资历最深、起点最高、专业化程度最高、成名最早、实战最丰富、策划理念最独到，策划案例影响最大、最具实战效果、最负责任、敢对结果负责的真正的“中国策划第一人”。

国家大策划

1. 新城镇化大策划

2012年，何学林斩钉截铁地预言，房价是一定要跌的！

问题是任由房价像脱缰的野马一样飞涨，之后泡沫破裂急剧下跌，从而引发中国经济的崩盘呢？还是采取有效手段控制在合理的范围软着陆？

当然是后者。何学林为后者提出了有效的对策，最近又出版了新著《新城镇化与中国城市整体大策划》，提出了新城镇化彻底解决中国城市病和房价过高问题的“新八条”，提出了运用新城镇化从根本上彻底解决房价过高问题的解决方案。

今天房价下跌已经成为现实，何学林的策划变成现实。

2. 金融危机出对策

2008 年，世界性金融危机席卷全球之际，何学林提出金融危机对中国来说不啻是最大商机，提出利用金融危机可使中国更快更早地成为世界第一强国的对策和“抄底世界，收购美国”的战略。

并预言了 4 万亿元救市必将导致通货膨胀，而更为严重的是滞胀，即经济停滞和通货膨胀并行不悖，预言了如果是这样，中国的金融危机不是不会到来，而是尚未到来，是滞后到来，也将由房地产泡沫的破灭而引发。

不幸被言中，不仅通货膨胀早已成为现实，滞胀也已显露端睨，房地产泡沫的破灭和中国经济的危机也似不可避免。

3. 世界寻梦圆大策划

2003年由中国社会科学出版社公开出版的《世界寻梦圆大策划》

1998年，何学林提出了“世界寻梦圆大策划”，并公开出版发行，该创意被作价3000万元，但在当时却被很多人当作白日做梦，痴人说梦，今天，中国梦成为治国纲领和时代主旋律，成为国家梦、民族梦、人民梦，何学林的策划变成了现实。“世界寻梦圆大策划”首次公开出版是收录在《十年一剑：何学林的大策划》一书中。

4. 奥运圆梦圆大策划

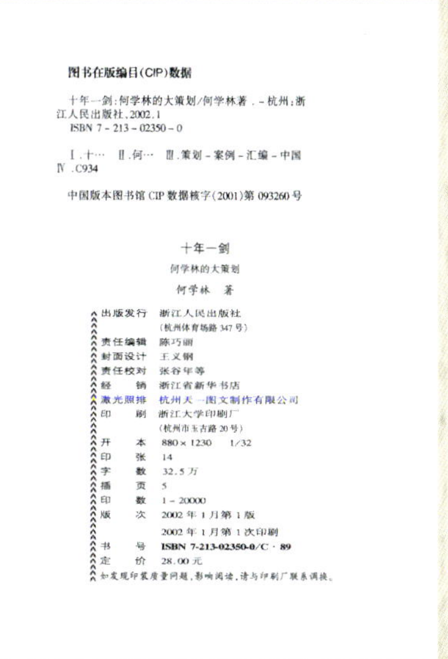
图书在版编目(CIP)数据

十年一剑：何学林的大策划/何学林著．－杭州：浙江人民出版社，2002.1
ISBN 7－213－02350－0

Ⅰ．十…　Ⅱ．何…　Ⅲ．策划－案例－汇编－中国
Ⅳ．C934

中国版本图书馆CIP数据核字(2001)第093260号

十年一剑
何学林的大策划
何学林　著

出版发行　浙江人民出版社
（杭州体育场路347号）
责任编辑　陈巧丽
封面设计　王义钢
责任校对　张谷年等
经　　销　浙江省新华书店
激光照排　杭州天一图文制作有限公司
印　　刷　浙江大学印刷厂
（杭州市玉古路20号）
开　　本　880×1230　1/32
印　　张　14
字　　数　32.5万
插　　页　5
印　　数　1－20000
版　　次　2002年1月第1版
2002年1月第1次印刷
书　　号　ISBN 7-213-02350-0/C·89
定　　价　28.00元
如发现印装质量问题，影响阅读，请与印刷厂联系调换。

2001年，北京申奥刚刚结束，何学林提出了“北京城市整体大策划之奥运圆梦圆大策划”，创建了北京2008年奥运运作新模式，一举解决2800亿元奥运投资来源、全部收回并赢利问题，奥运场馆与奥运森林公园的后续利用、维护并使之成为享誉世界的纪念性标志问题，完美体现奥运三大主题、彻底根治北京沙尘暴并使申奥代表团对国际社会的承诺全部兑现问题。

“奥运圆梦圆大策划”收录在2002年1月由浙江人民出版社出版的《十年一剑：何学林的大策划》一书中。

5. 中国梦大策划

2013年，何学林提出了“品牌强中国，实现中国梦”的强国战略，以及由中国制造向中国品牌转型升级是打造中国经济升级版、建设美丽中国、实现生态文明及中国梦的必由之路。

中国梦大策划和新城镇化大策划，这两大策划必将化作现实。

城市大策划

1. 珠海城市整体大策划

左一为澳门特首何厚铧，左三为“赌王”何鸿燊，中间为何学林

何学林在中国澳门受到时任澳门特首的何厚铧和“赌王”何鸿燊等政商高官的设宴款待

1998 年，何学林开城市策划之先河，第一个提出了珠海城市整体大策划，成为中国城市策划第一人。

今天，城市策划已经热火朝天了，何学林的策划早已化作现实。

2. 巴马大策划

2010 年，何学林为巴马做策划，仅仅两三年之后，这个默默无闻的小山村早已变成世界长寿之乡。

3. 东莞大策划

2013 年 9 月，何学林为东莞提出了转型升级、重塑城市形象的大策划“世界品牌，东莞创造——美丽东莞欢迎您”，并进一步提出把东莞定位为中国梦和新城镇化的样板城市等一系列对策。

2014 年开春，中国最高层部署以央视开场的东莞大扫黄其实是在促东莞转型升级，何学林的策划又一次成为现实。

企业大策划

策划史玉柱东山再起

■三维透视 Perspective form various Dimensions

巨人，怎样站起来

■何学林

第一篇　“巨人”怎么了

——身陷危机的巨人集团

1997年初，《深圳特区报》在它那份很有些份量的副刊《投资导报》上首次披露：珠海巨人集团及其总裁史玉柱陷入困境！如石破天惊，这一消息迅速传遍了全国各地，影响波及海外。尽管巨人集团的个别当事人对记者们有言在先：“巨人是某某领导人支持的，谁要是敢报道巨人的情况，谁就不用干了”。但纸包不住火，在债权人的不断投诉之下，包括《深圳特区报》在内的全国各地的新闻媒介以及那些不怕砸饭碗的记者还是客观地报道了这一爆炸性事件。人们先以为是谣言，不信，继之惊愕，进而反思：巨人怎么了？巨人到底为什么？有关“巨人”的种种报道和讨论，形成了1997年第一个发人深省的“巨人现象”，成为中国民营企业的一份珍贵的备忘录，并给社会众人以多方面的启迪。

一、急速膨胀的高科技企业

巨人集团总裁史玉柱拥有研究生学历，硕士毕业后先到政府机关坐班，尔后终于耐不住寂寞下海弄潮。他以刻苦钻研和顽强拼搏的精神在短短几个月内研制出了M-2406汉卡，并以一定的[illegible]3800元承包深圳某公司的一个电脑部，在《计算机世界》上刊登广告，卖起了他的汉卡。不料牛刀小试便大获成功，纷至沓来的汇款单令他自己也感到十分震惊。他从此获得了一个决定其后来命运的巨大启迪：回报率最高的是投资广告宣传或品牌。于是，他把收来的钱又投入更大的广告宣传，由此形成良性循环，继

18

策划文章“巨人，怎样站起来”发表在1997年7月刊的《销售与市场》上

1997年，巨人史玉柱刚刚倒下之时，何学林策划“巨人，怎样站起来”，并断言史玉柱一定能够东山再起，而且东山再起为时不会太晚，前途不可限量。

当时没有一个人相信，但是短短3年之后，史玉柱在负债3亿元的情况下，用借来的50万元创办了脑白金品牌，脑白金做到了营业额破10亿元，10年之后身价达到了500亿元，何学林的策划一一实现。

时隔10年之后的2009年，《销售与市场》杂志又再一次追踪报道了当年“巨人，怎样站起来”大策划，再一次确认了何学林策划“巨人，怎样站起来”。

产业大策划

1. 互联网大策划

北京青年报

BEIJING YOUTH NEWS

五里以外拉水吃

京人

学林卖创意 底价100万

《生命大趋势——全球人脑大联网》公开售卖侧记

□本报记者 李微

1992-1994 年《北京青年报》等媒体对何学林提出的“生命大趋势——全球人脑大联网”进行报道

早在 1992 年，何学林预言了互联网时代的到来，在中国率先提出了“生命大趋势——全球人脑大联网”的互联网创意，比马云于 1999 年涉足互联网早 7 年，当时何学林也被当作疯子，天方夜谭，但是今天互联网早已成了现实，何学林的这个预言已成现实。

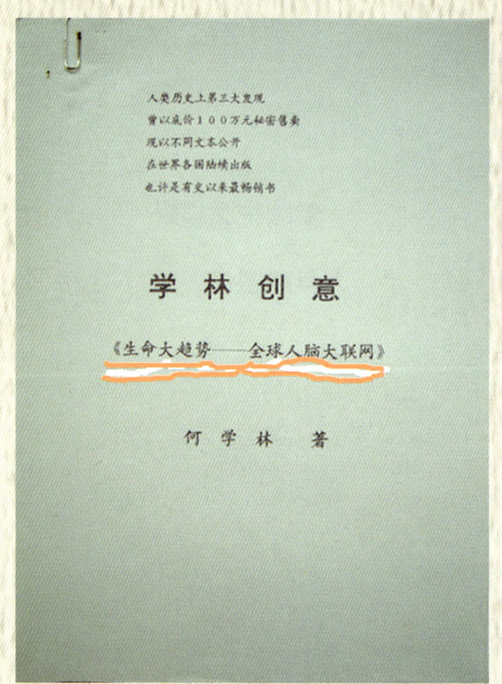
人类历史上第三大发现
曾以底价100万元秘密售卖
现以不同文本公开
在世界各国陆续出版
也许是有史以来最畅销书

学　林　创　意

《生命大趋势——全球人脑大联网》

何　学　林　著

何学林撰写的“生命大趋势——全球人脑大联网”原始文案封面

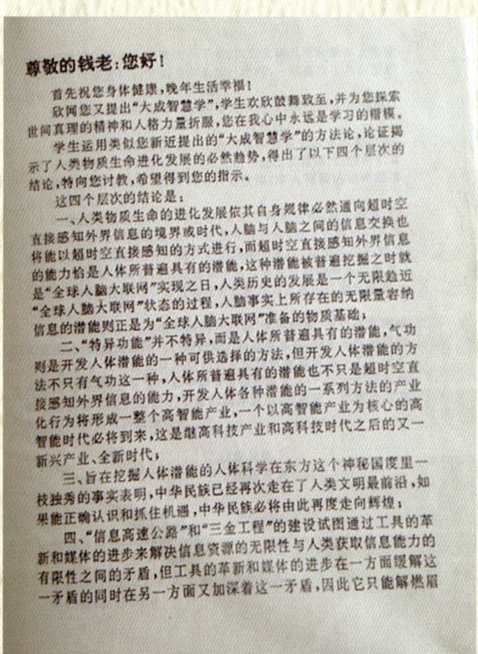
尊敬的钱老：您好！

首先祝您身体健康，晚年生活幸福！
欣闻您又提出“大成智慧学”，学生欢欣鼓舞致至，并为您探索
世间真理的精神和人格力量折服，您在我心中永远是学习的楷模。
学生运用类似您新近提出的“大成智慧学”的方法论，论证揭
示了人类物质生命进化发展的必然趋势，得出了以下四个层次的
结论，特向您讨教，希望得到您的指示。
这四个层次的结论是：
一、人类物质生命的进化发展依其自身规律必然通向超时空
直接感知外界信息的境界或时代，人脑与人脑之间的信息交换也
将能以超时空直接感知的方式进行，而超时空直接感知外界信息
的能力恰是人体所普遍具有的潜能，这种潜能被普遍挖掘之时就
是“全球人脑大联网”实现之日，人类历史的发展是一个无限趋近
“全球人脑大联网”状态的过程，人脑事实上所存在的无限量容纳
信息的潜能则正是为“全球人脑大联网”准备的物质基础；
二、“特异功能”并不特异，而是人体所普遍具有的潜能，气功
则是开发人体潜能的一种可供选择的方法，但开发人体潜能的方
法不只有气功这一种，人体所普遍具有的潜能也不只是超时空直
接感知外界信息的能力，开发人体各种潜能的一系列方法的产业
化行为将形成一整个高智能产业，一个以高智能产业为核心的高
智能时代必将到来，这是继高科技产业和高科技时代之后的又一
新兴产业、全新时代；
三、旨在挖掘人体潜能的人体科学在东方这个神秘国度里一
枝独秀的事实表明，中华民族已经再次走在了人类文明最前沿，如
果能正确认识和抓住机遇，中华民族必将由此再度走向辉煌；
四、“信息高速公路”和“三金工程”的建设试图通过工具的革
新和媒体的进步来解决信息资源的无限性与人类获取信息能力的
有限性之间的矛盾，但工具的革新和媒体的进步在一方面缓解这
一矛盾的同时在另一方面又加深着这一矛盾，因此它只能解燃眉

何学林写给著名科学家钱学森的信，概述了“全球人脑大联网”创意所提出的四大结论，运用的是大成智慧学，即今天所谓的“跨界、整合、创新”方法论。

“兰德杯”
全球创意(点子、奇思妙想)大奖赛

一、基本观念与宗旨

一个国家的实力，归根到底是由国民的素质决定的；商场上的竞争，实质上就是人的素质在较量。当生产关系对人的束缚通过制度内的改革或制度外的革命被解除之后，从而当人创造财富的动力机制和前提条件已经具备之后，人力资源本身的开发便成了头等重要的大事，人的素质成了最重要的资本。

人最重要的素质则是创造力。所谓科学技术是第一生产力，实质上是在说创造力是第一生产力；创意就是财富，说的也是这个意思。科学技术是创造力的一种表现形式，是创造力发挥创造作用的一种结果；创意则是创造力更为广泛的、几乎无所不包的表现形式和创造力发挥创造作用的多种多样的结果，包括意向性的表现形式和意向性的初始结果。创意涉及人类生活的各个领域。

创造力与想象力不可分割，创意更是与想象紧密相关。如果没有命运的限制，唯一能够限制人的就只有想象了。世界上没有做不到的事，只有想不到的事。

为了展示和激发人类智慧、创造力、想象力、推

1992 年，何学林策划“兰德杯”全球创意（点子、奇思妙想）大奖赛。

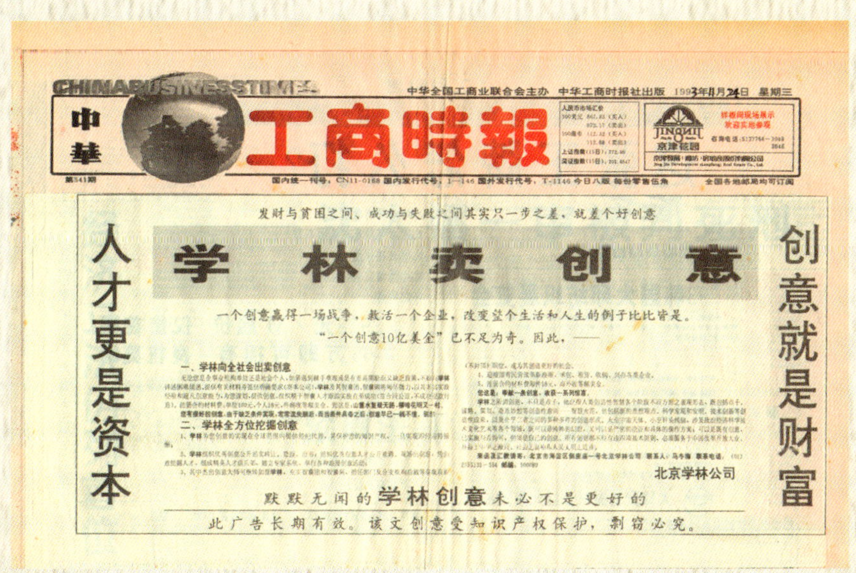
CHINABUSINESSTIMES
中华全国工商业联合会主办 中华工商时报社出版 1993年1月24日 星期三
中華工商時報
第341期
国内统一刊号：CN11-0168 国内发行代号：1—146 国外发行代号：T-1146 今日八版 每份零售伍角
全国各地邮局均可订阅

发财与贫困之间、成功与失败之间其实只一步之差，就差个好创意

学林卖创意

人才更是资本

创意就是财富

一个创意赢得一场战争，救活一个企业，改变整个生活和人生的例子比比皆是。

“一个创意10亿美金”已不足为奇。因此，——

一、学林向全社会出卖创意

二、学林全方位挖掘创意

北京学林公司

默默无闻的学林创意未必不是更好的

此广告长期有效。该文创意受知识产权保护，剽窃必究。

1993 年，在《中华工商时报》上刊登的“创意就是财富　人才就是资本——学林卖创意”广告，引起了热烈的社会反响。

为中华再造辉煌

让社会的目光向阁下聚焦

"××卖创意"事件策划书

北京学林公司

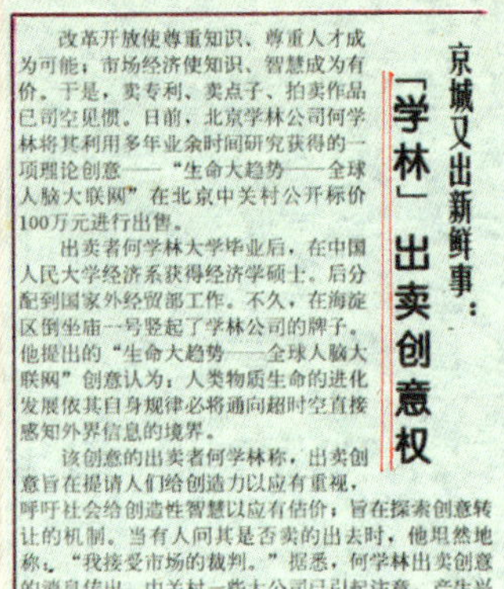

京城又出新鲜事：

「学林」出卖创意权

改革开放使尊重知识、尊重人才成为可能；市场经济使知识、智慧成为有价。于是，卖专利、卖点子、拍卖作品已司空见惯。日前，北京学林公司何学林将其利用多年业余时间研究获得的一项理论创意——"生命大趋势——全球人脑大联网"在北京中关村公开标价100万元进行出售。

出卖者何学林大学毕业后，在中国人民大学经济系获得经济学硕士。后分配到国家外经贸部工作。不久，在海淀区倒坐庙一号竖起了学林公司的牌子。他提出的"生命大趋势——全球人脑大联网"创意认为：人类物质生命的进化发展依其自身规律必将通向超时空直接感知外界信息的境界。

该创意的出卖者何学林称，出卖创意旨在提请人们给创造力以应有重视，呼吁社会给创造性智慧以应有估价；旨在探索创意转让的机制。当有人问其是否卖的出去时，他坦然地称："我接受市场的裁判。"据悉，何学林出卖创意的消息传出，中关村一些大公司已引起注意，产生兴趣，纷纷与何学林洽谈。

（摘4月29日《科技日报》晓宁文）

市場報

MARKET DAILY

企业大发展 不忘老区人

出卖"创意"的公司

北京青年报

BEIJING YOUTH NEWS

1994年7月23日 星期六 第2133期

一经济学硕士公开卖创意

理直气壮标出底价100万

中介担保：企业合同的"保险箱"

科技日報

扩大版

京城又出新鲜事

"学林"出卖创意权

首都经济信息报

外投资基金敲响中国大门

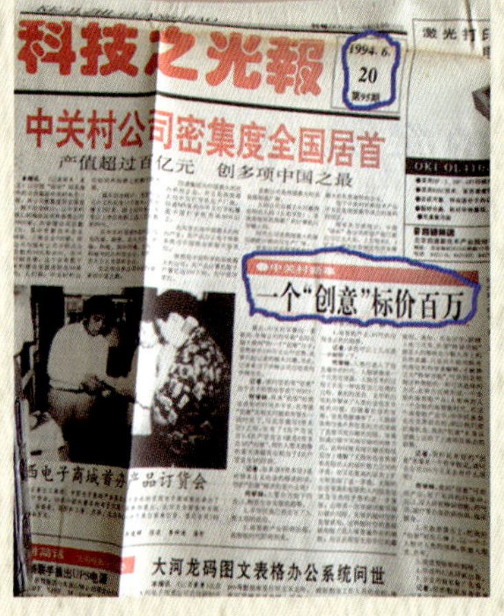

科技之光報

中关村公司密集度全国居首

产值超过百亿元 创多项中国之最

一个"创意"标价百万

信息产业报

出售"全球人脑大联网"

何学林标价百万卖创意

开发试验区园地

何学林1992年撰写的《为中华再造辉煌：让社会的目光向阁下聚焦》学林卖创意事件策划书，多家媒体争相报道。

2. 创意产业大策划

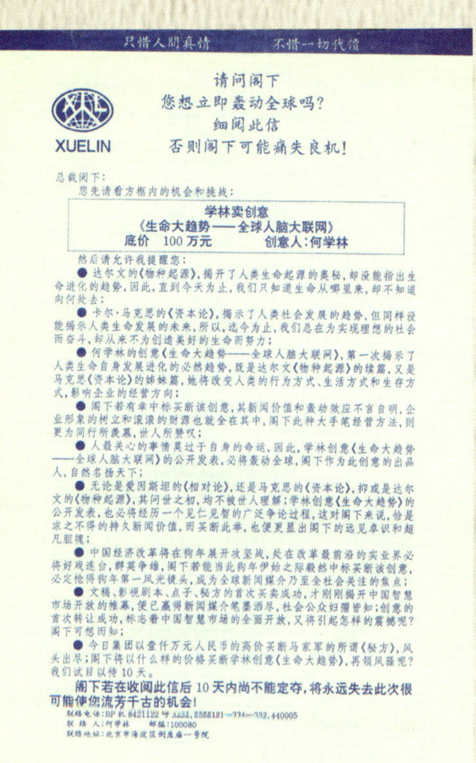

只惜人间真情　不惜一切代价

XUELIN

请问阁下
您想立即轰动全球吗？
细阅此信
否则阁下可能痛失良机！

总裁阁下：

您先请看方框内的机会和挑战：

学林卖创意 《生命大趋势——全球人脑大联网》 底价　100万元　　　创意人：何学林

然后请允许我提醒您：

● 达尔文的《物种起源》，揭开了人类生命起源的奥秘，却没能指出生命进化的趋势，因此，直到今天为止，我们只知道生命从哪里来，却不知道向何处去；

● 卡尔·马克思的《资本论》，揭示了人类社会发展的趋势，但同样没能揭示人类生命发展的未来，所以，迄今为止，我们总在为实现理想的社会而奋斗，却从来不为创造美好的生命而努力；

● 何学林的创意《生命大趋势——全球人脑大联网》，第一次揭示了人类生命自身发展进化的必然趋势，既是达尔文《物种起源》的续篇，又是马克思《资本论》的姊妹篇，她将改变人类的行为方式、生活方式和生存方式，影响企业的经营方向；

● 阁下若有幸中标买断该创意，其新闻价值和轰动效应不言自明，企业形象的树立和滚滚的财源也就全在其中，阁下此种大手笔经营方法，则更为同行所羡慕，世人所赞叹；

● 人最关心的事情莫过于自身的命运，因此，学林创意《生命大趋势——全球人脑大联网》的公开发表，必将轰动全球，阁下作为此创意的出品人，自然名扬天下；

● 无论是爱因斯坦的《相对论》，还是马克思的《资本论》，抑或是达尔文的《物种起源》，其问世之初，均不被世人理解；学林创意《生命大趋势》的公开发表，也必将经历一个见仁见智的广泛争论过程，这对阁下来说，恰是求之不得的持久新闻价值，而买断此举，也便更显出阁下的远见卓识和超凡胆魄；

● 中国经济改革将在狗年展开攻坚战，处在改革最前沿的实业界必将好戏连台，群英争雄，阁下若能当此狗年伊始之际毅然中标买断该创意，必定抢得狗年第一风光镜头，成为全球新闻媒介乃至全社会关注的焦点；

● 文稿、影视剧本、点子、秘方的首次买卖成功，才刚刚揭开中国智慧市场开放的帷幕，便已赢得新闻媒介笔墨酒尽，社会公众妇孺皆知；创意的首次转让成功，标志着中国智慧市场的全面开放，又将引起怎样的震撼呢？阁下可想而知；

● 今日集团以壹仟万元人民币的高价买断马家军的所谓《秘方》，风头出尽；阁下将以什么样的价格买断学林创意《生命大趋势》，再领风骚呢？我们拭目以待10天。

阁下若在收阅此信后10天内尚不能定夺，将永远失去此次很可能使您流芳千古的机会！

联络电话：BP机8421122呼3232，2555131—334—332，440005
联 络 人：何学林　　邮编：100080
联络地址：北京市海淀区倒座庙一号院

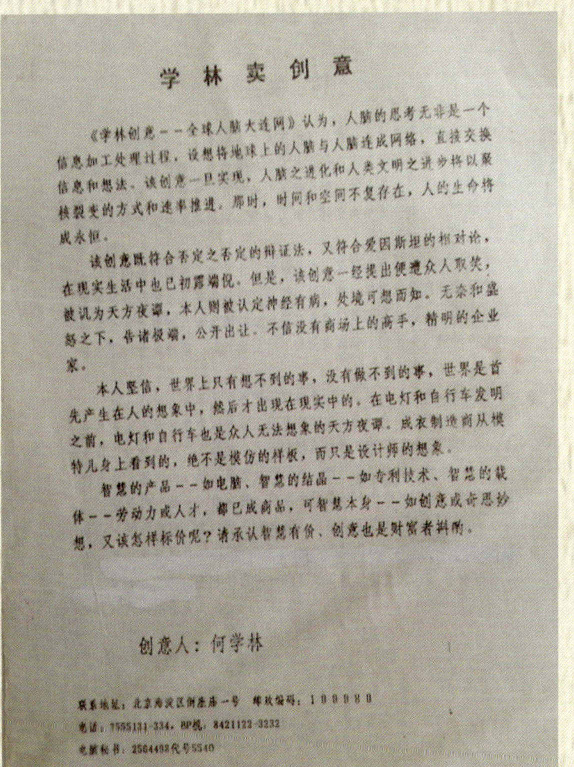

学 林 卖 创 意

《学林创意－－全球人脑大连网》认为，人脑的思考无非是一个信息加工处理过程，设想将地球上的人脑与人脑连成网络，直接交换信息和想法。该创意一旦实现，人脑之进化和人类文明之进步将以聚核裂变的方式和速率推进。那时，时间和空间不复存在，人的生命将成永恒。

该创意既符合否定之否定的辩证法，又符合爱因斯坦的相对论，在现实生活中也已初露端倪。但是，该创意一经提出便遭众人取笑，被讥为天方夜谭，本人则被认定神经有病，处境可想而知。无奈和盛怒之下，告诸报端，公开出让。不信没有商场上的高手，精明的企业家。

本人坚信，世界上只有想不到的事，没有做不到的事，世界是首先产生在人的想象中，然后才出现在现实中的。在电灯和自行车发明之前，电灯和自行车也是众人无法想象的天方夜谭。成衣制造商从模特儿身上看到的，绝不是模仿的样板，而只是设计师的想象。

智慧的产品－－如电脑、智慧的结晶－－如专利技术、智慧的载体－－劳动力或人才，都已成商品，可智慧本身－－如创意或奇思妙想，又该怎样标价呢？请承认智慧有价，创意也是财富[illegible]。

创意人：何学林

联系地址：北京海淀区倒座庙一号　邮政编码：100089
电话：7555131-334，BP机：8421122-3232
电脑秘书：2564488代号5540

1992年，何学林预言了创意产业的到来，在中国第一个提出了创意产业的概念，并以一个创意卖一百万元，成为中国第一个卖创意的人，并为中国创意开出了最高价。

3. 时尚酒店大策划

1998年，何学林在策划中国城市整体大策划时，提出“让家飘起来——一种全新的生活方式诞生”的时尚酒店创意。

今天，如家快捷酒店、飘HOME等时尚酒店早已经成为一个产业了，何学林的创意和策划变成现实。

4. 游学世界大策划

人生设计

游学世界

何学林的大策划

急流勇退之后，何学林为他的人生设计了一个休整期——游学世界。

人生的意义和价值在于以自己的劳动创造奉献于人类和社会。但如何才能以最大的劳动创造奉献给人类和社会，实现人生的最大价值，却需要对人生进行精心的整体策划设计。

早在上大学之时，借助于鲁迅、马克思这样的思想伟人，何学林对人生的大问题进行了深入的思考，得出了人生的意义和价值在于以自己的劳动创造奉献于人类和社会的人生价值定位，并对自己的人生作了三段论式的策划设计——

在青少年时期，致力于求学，奠定扎实的知识基础、理论基础和方法论基础。

在中壮年时期，带着青少年时期所获得的这些基础，理性地参与到军队、实业界和政治的实践中去摸爬滚打，锻炼自己，深刻地体验生活、人生和社会，获得感悟。

到晚年的时候，再静下心来结合着一生的经历和实践，潜心研究，著书立说，为人类和社会创造精神财富。

终生成就“四大家族”：作家、经济学家、企业家和思想家，在物质和精神两个方面都对人类和社会作出贡献。

没有青少年时期的求学打底，中壮年期的实践是盲目

— 212 —

2001 年，何学林在他的《十年一剑：何学林的大策划》一书中提出了“游学世界”的人生规划。

今天，“游学世界”已如火如荼。何学林的创意和策划又化作现实。

何学林不是算命先生或预言家，他是一位有着深厚经济学理论功底、丰富实践经验、超凡创意能力、高深谋略智慧的大策划家，他的所有预言都是经过科学策划和严密论证出来的结果，并都是以图书和文章形式公开出版和发表，如《策划珠海》、《十年一剑》、《世界寻梦圆大策划》、《中国梦大策划》、《新城镇化大策划》、《巨人怎样站起来》等书籍以及《给经济学家上一堂常识课》、《中国企业战略批判》、《中国民企命运之谜》等封面文章，绝不是随意编造的和事后诸葛亮。

给经济学家上一堂常识课

何学林 文

是常识还是“大智慧”

股市大论战源于经济学家缺乏常识。给经济学家上一堂常识课，“中国股市大辩论”可以休矣。

吴敬琏“股市论”一言既出，引发中国股市大地震，继而引起五位“重量级”经济学家群起而攻，“中国股市大辩论”由此开场；随后在人大、政协“两会”期间，吴敬琏召见记者，抖出十年来的学术著作，以“何处寻求大智慧”之名重新包装，重申“股市论”，展开反击，捍卫己见，并发出“股民们，我是爱你们的，你们可要警惕啊”的近似救世主般的呐喊，“中国股市大辩论”愈演愈烈，社会舆论一片哗然。

对这场经济学家登台、全民观战的“中国股市大辩论”，笔者一直冷眼旁观，根本无意参加笔战或舌战，因为笔者认为，“中国股市大辩论”不过常识之争，争论双方都缺乏常识，而对经济学家缺乏常识早已司空见惯，没什么可大惊小怪的，更不必大动干戈；但眼看着论战不断升级，上纲上线，什么“大智慧”、呐喊等等都出来了，仿佛“众人皆醉我独醒”，经济学家要当救世主，要走向神坛，这就不能等闲视之了。于是，笔者只好打破沉默，但不是为了参战，而是要给经济学家上一堂常识课，以期结束这场无谓的争论。

股市大辩论源于经济学家缺乏常识，经济学家们没有真正搞懂这样两个问题：一是股份制是怎么产生的？二是我们为什么要炒股？这是股份制和证券市场领域两个最基本的问题，而他们争论不休的也只是常识性问题。吴敬琏说：炒股不创造财富，只是财富的再分配，是把钱从这个人的口袋里拿到那个人的口袋里罢了，炒股要能增加财富，如同一个人想抓着自己的头发离开地球一样，是很荒唐的，他并进而认为中国股市很像个大赌场，这最后一句引起“重量级”经济学家围攻，引发“中国股市大辩论”。其实，炒股不创造财富，这是经济学常识，学贯中西的经济学家吴敬琏却把它当作他历经多年研究发现的“大智慧”，并以救世主般的口吻施教，着实好笑；“重量级”经济学家萧灼基则煞有介事地将股市与赌场进行比较，指出一、二、三、四、甲、乙、丙、丁、A、B、C、D等等几点不同，也很可爱。

炒股不创造财富，这是经济学常识；但吴敬琏的潜在思维逻辑是想以此否定炒股的必要性，这就又犯了常识性错误。炒股不创造财富，并不等于我们不需要炒股。社会劳动有生产性和非生产性两大类，两者都有它的必要性。炒股形成的证券二级市场如同包括吴敬琏这样的教授所在的国家公务机关、武装警察、人民军队以及银行保险机构等等都属于社会非生产性劳动部门，都不创造价值也即吴敬琏所说的不创造社会财富，但并不是说这些非生产性劳动部门都是不必要的。吴敬琏是不必要的吗？政府机关可以撤销吗？我们的战士统统“下岗”？银行、保险机构全部关门？答案显然是否定的。

吴敬琏以炒股不创造财富立论，反对炒股，否定证券市场，犯的是常识性错误，源于他不知道股份制是怎么产生的以及我们为什么要炒股这样的基本问题。因此，我们有必要给经济学家上一堂常识课，讲讲股份制是怎么产生的以及我们为什么要炒股。讲清楚这两个基本问题，“中国股市大辩论”可以休矣。

给经济学家上一堂常识课

股份制是怎么产生的？股份制的诞生源于一个“很傻”的想法——能不能“拿”了别人的钱不还呢？

股份制是现代市场经济最精妙的组织形式，但

是它的诞生却源于一个听起来“很傻”的想法。按照历史发展顺序来说，人们积累财富的方法最先想到的是依靠自有资本滚雪球发展，肥水不流外人田，什么都想抓在自己家族手里，这好像是很聪明的想法和作法，是最先被想到的。但慢慢地人们就发现这种做法具有太多的局限性，因为人生短暂，机会转瞬即逝，等到自有资本的积累达到机遇所需要的条件，机会早已不再，经常这样白白错失良机，令人痛心疾首。于是，有更聪明的人就想到了借鸡生蛋，因为他发现机会并不是同时降临每个人的，当自己有了大规模生产经营机会的时候，很多人却连小规模经营的机会都没有，而且有些人还压根儿不愿意也不擅于投资，把他们的钱借过来用，然后加上一定的利息还给他，互惠互利，双方都有好处，对社会来讲也有利于充分利用资源。这种做法的规范化操作便是现代银行制度的诞生。至此，历史向前迈进了一步。这一步的历史前进源于更深入地替别人着想，从而发现了市场的空白点，结果最大的受益者还是自己，与当初那种一切都靠自己，都抓在自己手里的想法相比，已经多了一些辩证的思维在里头了。

但是，借来的钱总是要还的，到期还本付息的压力使得企业无法从容安排长期生产经营任务，痛快一阵子，辛苦一辈子，到头来发现自己竟是在为银行、为债权人打工。这时他又不满足了，而倒退回去自己慢慢滚，那是不可能的，那种日子的苦头更难过。于是，这个人又发奇思妙想，“傻想”开了：拿别人的钱来干自己的事是好，但到期要还本付息却不那么美妙，能不能“拿”了别人的钱不还呢？这是一个十足的“傻想”。

但这“傻想”却有很大的合理性。

人们的心理是复杂的，人的欲望是无止境的，有人满足于银行利息，有人却不满足于那种固定的回报，嫌银行利息太少了，有当老板的愿望，想赚更多的钱，也愿意冒更大的风险。“让想当老板的人当老

想法，却运用了更大的智慧，是更大的辩证。

你我他大家都有份，根据出钱的多少决定份额的大小，把总资本分成等额的基本单位，这个单位就被称作“股”，就像货币中的元一样，1000元就是1000个以元为单位的基本单位，同样，1000股就是1000个以股为单位的基本单位，通常以1元为1股的面值。投钱叫入股，入股的凭证叫股票。除非股份制企业破产倒闭清算，大家可以从破产企业剩余资产中收回部分投资，否则，投在股份制企业里的钱永远不可撤回，这便是股份制最基本的含义和名称的来历。

证券市场的诞生是为了开辟更大的“拿”钱市场。

人的欲望真是无止境的，这个爱好“傻想”的人又不满足了：他嫌白“拿”不还的钱不够多，想开辟更大的“拿”钱市场。他认为，这种最基本意义上的股份制虽然克服了银行制度和依靠自有资本滚雪球发展的弊端和局限性，可以“拿”了别人的钱不还，从容安排长期生产经营任务，但是他认为，人心是很难一致的，不想当老板、不愿意长线投资的大有人在，而且人活着总得提防个三长两短什么的，所以必须还要想出一种办法把这些人的钱也能“拿”来不还，而

cover feature

中国民企 战略批判

加入WTO，中国民营企业的发展战略问题，已成为中国出

编者旁白：现代意义上的"批判"，并不是指责、谩骂和轻蔑，而是审视、反思以及对现有的"存在"重新做出判断。基于这种概念和出发点，本期专题——"中国民企战略批判"，将以理性的态度和建设性的观点，对中国民营企业中现有的战略理念，进行全方位重新梳理。

有这样3个数字非常值得我们关注：一是中国私营企业的队伍正以平均每天诞生809家的速度壮大；二是中国私企的平均寿命不到6年；三是在目前的中国私企中，1988年前已经成为"雇工大户"的，至今仍然存活的只占9.2%。这三个数字来自国家统计局城市调查队今年3月公布的一项调查，这其中的

长期以来，我们已经逐渐习惯了中国民

死死，漠然地认为这是市场生态环境中很自

是突然有一天，我们发现那些曾经如日中天

子"，接二连三，纷纷凋落：为什么中国的企

不长？为什么市场环境越来越宽松，生意却

究竟是什么地方出了错？困惑、疑虑和彷徨

——哪个老板不愿自己的企业成为一个"百

本专题的3位作者，都是在国内颇有建

学家和战略咨询专家，理论知识和实践经验

对目前中国民营企业中一些带有普遍性的战

深刻的领悟和十分权威的理解，因此，在

尽管有些声音难免"刺耳"，但是与本刊这

一样，都是出于客观的态度和善良的愿望。

做小生意凭经验，中等生意用各种部门科学，而要做大生意，就必须依靠哲学了。市场环境变了，企业规模变了，民营企业应该走出原有的"小商圈"，抬起头来看一看更大更远的地方，"培养高境界、大视野的战略眼光"。

战略的迷雾与真相

文／何学林

3月上旬的一天，云南一位民营企业家来京向笔者诉说，她的企业曾经是云南省的龙头老大，这几年却每况愈下，越来越陷入了困顿。问她什么原因，她自己也说不清楚，感到非常困惑。回想曾经的辉煌，她不甘心今天的衰落，但又不知道该怎么办。近几年来，笔者在为企业做咨询策划的过程中经常遇到这样的企业主，他们共同的抱怨是赚钱越来越难了，却不知道问题出在哪里。

他们都觉得一定是哪个环节出了毛病，但都不认为战略上会有什么问题。他们认为战略是大而空的东西，"我就想赚钱，达到怎样的目标，这一点我心里最清楚了，不会有什么问题，不用策划，我需要具体的招术，立竿见影，能让我迅速摆脱困境。"殊不知，他们的问题正是出在战略上。

中国民企命运之谜

□ 何学林

> 不了解中国民营企业为什么会在昨天一夜之间突然崛起，自然也不会懂得它们为什么会在今天整体衰落。而没有一定的经济学素养和历史眼光，就不会明白中国民营企业为什么崛起和衰落。

为什么整体衰落

牟其中的南德公司衰落了，史玉柱的巨人集团衰落了，太阳神衰落了，三株衰落了，沈阳飞龙衰落了，中国民营企业纷纷衰落了。一如它们的迅速崛起，令社会公众莫名惊诧，专家们大跌眼镜。

中国第一代民营企业不可避免地衰落了，这竟成为世纪末中国一个特有的经济现象和全社会关注的焦点。第一代民营企业为什么不约而同地走上了下坡路？下一代民营企业路又该怎样走？人们对此议论纷纷，有的认为都是广告惹的祸，“标王”惹的祸；有的从民营企业的管理机制上找问题；有的把造成败局的原因归结于某一次决策失误；有的则从企业领导人的性格品行找根源，进行神秘主义的所谓探索；甚至刮起了人身攻击，等等。隔靴搔痒，不得要领。按照这种探索，我们不明白，为什么同样是广告，昨天是致胜的法宝，今天就成了败北的元凶？为什么同样的性格，昨天还是他成功的关键，今天却成了致命的弱点？为什么同样是民营企业的管理机制，刚刚在昨天还被当作包治百病的灵丹妙药而顶礼膜拜，今天竟成了导致他失败的罪魁祸首？难道真是成也萧何，败也萧何？按照这种探索，失败的民营企业，家家都有一大堆乱七八糟的问题，各家的问题又都各不相同，一次决策的失误，一个属于管理的问题，一种性格品行方面的弱点，一个毛泽东情结等等，就能造成整个企业无可挽回的败局。我们不明白，为什么偏偏在今天而不是昨天或明天，中国的民营企业竟这样纷纷不断地失，争先恐后地应声而下？我们不明白，为什么在同一时期，各种不同的因素，都会使民营企业纷纷中箭落马？难道真是一着不慎，满盘皆输，是殊途同归，中国民营企业都走上了穷途末路？

中国民营企业究竟为什么要异口同声地喊“落”，不约而同地向“下”，殊途同归地走上末路呢？造成这种局面的共同根源、深层原因到底是什么？对各个民营企业衰落的个案分析没有为我们提供这样的答案，不同的因素都导致了同样的失败，这本身就证明这些因素并非他们失败的共同根源。幸福的家庭个个相似，不幸的家庭却各有各的不幸。成功的企业个个相似，失败的企业却各有各的不同。中国民营企业各自衰落的种种不幸因素，构成了它们失败的个性。但是，他们必定还有共同的根源，否则，单由这些个性，决不可能使它们整体地衰落。

中国的改革开放是一个由计划经济体制向市场经济体制转变的过程。这是一个大变革的过程，同时也是一个“摸着石头过河”的过程。“摸着石头过河”，意味着旧体制可以打破，新秩序尚未建立，意味着实践可以先行，可以大胆地试、可以边摸索，边立规矩，先摸索后成方圆。往往一个“放”字，一项“放”的政策，既废除了旧的条条框框，又取代了一切尚未建立的新规范新体制。旧体制已经打破，新体制新规范尚未建立，在实业界形成了体制的真空地带，给实践者提供了无限的操作空间。另一方面，由于历史的原因，相对素质较低的社会边缘人群恰好历史地处在了经济大潮的心脏地带，社会精英人群则远离经济大潮，加之人们观念的转变也是一个“摸着石头过河”的慢过程，因此，在改革开放的早期实业界同时又是一个人才的无竞争领域。而由计划经济向市场经济过渡伊始，未被开发的市场却又无限广大，到处是未被开垦的处女地，留下了巨大的市场空白点，其中蕴藏着十分巨大的超额利润，这是政治家为实业家提供的免费午餐，这是一个百年未遇、千载难逢的商机。未必真有超凡胆魄和远见卓识，由于种种原因处于市场经济前沿地带的捷足先登者，得到了这一历史性机遇的恩赐。无限的市场、无限的操作空间、无竞争的领域，使他们如鱼得水，轻而易举地摸到了一个市场的空白点，而这一市场的空白点恰好又是没有规矩的操作空间和无人竞争的领域，从而使他们率先成了我们曾经津津乐道的“万元户”、“大款”和“大富豪”等等。他们所领导的企业则在极短的时间内迅速完成了资本的原始积累，成为中国第一代民营企业。牟其中的南德公司、史玉柱的巨人集团、广东的太阳神、沈阳飞龙、济南三株等，先后横空出世，成为中国民营企业的天空中一颗颗璀璨夺目的耀眼明珠。这一时代所造就的企业奇迹，即使在世界经济史上也是蔚为壮观和绝无仅有的。新旧体制大变革时代如原子核反应堆一样释放出来的巨大经济能量所形成的超额利润历史地掉进了我们的民营企业家的钱袋，这是中国第一代民营企业为什么会在一夜之间突然崛起的深刻社会历史根源。但是，我们的第一代民营企业家们对此并没有清醒的认识，他们自己并不知道自己是怎么发的财，还误以为全是因为自己真有什么非凡的本事，从而为日后的衰落埋下了祸根。

历史性的机遇毕竟是历史性的，有她的时间局限性，不可能是不落的太阳，不醒的梦，不散的宴席，超额利润终究是要被平均化的。改革开放已经二十年了，该“放”的都已经“放”过了，该“摸”的都已经“摸”过了。市场经济的新体制日臻完善，新的法规逐步建立起来了，政策性效应行将消失殆尽，企业家的操作空间有了新规矩的制约，需要企业家具有更高的操作水准和艺术技巧。而另一方面，随着改革开放的深入，人们的观念发生了急剧的变化，社会精英阶层纷纷“下海”，捞鱼的人越来越多，原来庞大的市场被迅速瓜分完毕，加之高素质人才的加盟，商海已不是无人竞争的领域，商战已经到了白热化阶段。被开启的原子反应堆经过二十年聚核裂变的释放，其原子核能也消耗殆尽，超额利润被平均化了，同样的付出所获得的回报比以前要少得多了，捞鱼赚钱已经越来越难了。从这个意义上讲，民营企业的整体“衰落”即其利润和发展速度的下降是势所必然的，具有历史的必然性，一如它们当初异乎寻常的崛起，没什么大惊小怪的。

但是，我们的民营企业家们对此并没有清醒的认识，因而他们既没能在“经济高潮”盛极之时预见到即将转衰，从而作出未雨绸缪式的发展战略的及时调整，而是恰恰相反，采取了背道而驰的继续扩张的发展战略。当经济高潮转衰已成定局甚至部分企业衰落已成事实之后又不懂得作亡羊补牢式的调整发展战略，仍然像我们小时候盼过年似的盼着“经济高潮”再度来临，以致在错误的道路上越走越远。否则，即使是在“巨人”衰落之后，如果其它企业能够认识到问题的实质，从而采取正确的战略措施，那也不致于会有那么多企业步其后尘接踵而去。这种基于错误认识基础上的战略性失误导致了大批企业全军覆没式的衰落，这是另一种衰落，是甚于平均衰落幅度的衰落。只有那些对这一历史转型时期有着清醒的认识从而能够制定正确的发展战略并进行及时调整或虽没有清醒的认识但其行事方式恰好符合这一历史必然性的企业才能保持长盛不衰。在这一历史转变过程中，不“衰落”或“衰落”幅度低于平均“衰落”幅度的企业，往往有意无意地把握了这种历史的必然性。对于前者我们应该向其脱帽致敬，对于后者我们应该庆贺他们的幸运。而“衰落”幅度甚于平均“衰落”幅度的企业，则必定是不懂得这种历史必然性或虽然懂得但在实践中没能把握的企业，对这两者，我们都要哀其不幸。

致命的战略性失误

战略性错误是不能犯的，一个战略性错误可能导致整个企业全军覆没，而且永无东山再起之日。

在改革开放的早期，中国大地到处传诵着一些白手发家的神奇故事，与今天民营企业四面楚歌的情形恰成鲜明的对比：某某用借来的几百元或几千元启动资金，在短短的几年内竟奇迹般地一跃而成为身价几亿甚至几十亿的大富豪。这正是改革开放、“摸着石头过河”所带来的历史机遇的真实写照，是天赐良机使中国第一代民营企业家轻松过关斩将，迅速积累起

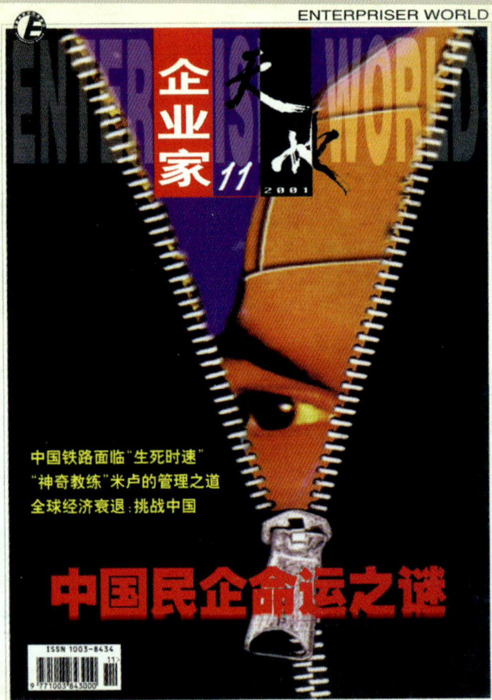

来信

深入取后反倾销

文 广东 黄昊

厂长经理≠企业家

文 山东 孙俊学

第一代中国民企因何衰落

文 珠海 何学林

- 他曾经用 100 万元达到 1 亿元的广告效果，用 1000 万元把广告做到 10 亿元的效果。
- 他曾经开创了中国策划业。
- 他曾经让一个默默无闻的山村，成为世界第一长寿村（巴马长寿村）。
- 他曾经运用企业化的手段，帮国家举办奥运会融资 2800 亿元。
- 他曾经一个创意被作价 3000 万元。
- 他被誉为中国政府领导和企业家身边的刘伯温、诸葛亮。
- 他曾经创造过中国 49 个行业第一。
- 他就是中国第一策划大师——何学林。
- 一个您可以把一切交给他策划的朋友。

如果要从根本上抑制房价上涨，必须彻底改变国内生产总值对房地产的依赖和地方财政对土地的依赖，必须找到能够长期稳定推动国内生产总值增长又能够为地方财政提供长期稳定收入的新路子，这涉及中国经济的结构调整和转型升级这一根本问题，是中国经济的大问题，是国家战略问题。

——何学林

中国财富出版社
CHINA FORTUNE PRESS

中国房地产大策划

一部影响中国房地产的重要著作

中国策划第一人 何学林 著

中国财富出版社

图书在版编目（CIP）数据

中国房地产大策划 / 何学林著 . —北京：中国财富出版社，2015. 4
ISBN 978 - 7 - 5047 - 5573 - 5

Ⅰ. ①中… Ⅱ. ①何… Ⅲ. ①房地产业—经济发展—研究—中国
Ⅳ. ①F299. 233

中国版本图书馆 CIP 数据核字（2015）第 045465 号

策划编辑 范虹轶 **责任印制** 方朋远
责任编辑 刘淑娟 **责任校对** 梁 凡

出版发行 中国财富出版社
社 址 北京市丰台区南四环西路 188 号 5 区 20 楼 **邮政编码** 100070
电 话 010 - 52227568（发行部） 010 - 52227588 转 307（总编室）
010 - 68589540（读者服务部） 010 - 52227588 转 305（质检部）
网 址 http://www. cfpress. com. cn
经 销 新华书店
印 刷 北京京都六环印刷厂
书 号 ISBN 978 - 7 - 5047 - 5573 - 5/F · 2325
开 本 787mm × 1092mm 1/16 **版 次** 2015 年 4 月第 1 版
印 张 15 **印 次** 2015 年 4 月第 1 次印刷
字 数 208 千字 **定 价** 38. 00 元

序

房地产绑架了中国经济和中国人

一、房地产已经绑架了中国经济和中国人

为什么说房地产绑架了中国经济和中国人呢?

第一，房地产绑架了所有的行业和全中国的人，三百六十行，无论你是做哪一行的，都被房地产绑架了。一个单位或一家企业首先要有办公地址，要用地，要用厂房，要有办公室、写字楼，无论是自建、购买或租赁厂房、办公楼等都要和房地产发生关系，房地产都是它的成本。因此，所有企业都是在为房地产赚钱，都是在给房地产行业打工，这是房地产绑架中国经济的第一层含义。

第二，单位或企业所用的人、所有的员工，其实都是在给房地产行业打工，都被房地产绑架了。为什么这么讲呢？因为企业在招聘员工的时候，求职者通常是这样跟企业说的，比如一个在北京、上海、广州或深圳的求职者说自己最低工资要 3000 元，不是说他给企业创造的价值是 3000 元或不少于 3000 元，所以他必须要拿 3000 元，而是因为他每个月付房租就要 1500 元，吃饭早餐一顿最少 5 元，午餐和晚餐各 15 元，一天 35 元，一个月 1050 元，坐车每天平均 5 元，一个月 150 元，这样共计就 2700 元没了，剩下 300 元零花钱，总得买瓶水喝，理个发什么的吧？否

则他无法生活。你要用他，这是底线。这是基层员工。而高层员工呢？他会说工资最低不能少于8000元，否则无法生活，因为他房贷月供就要5000元，家里还有老婆、孩子、父母、兄弟需要照顾，作为高管，一个月3000元生活费是最少的了。用人单位要么无条件接受，要么失去这个人才。房租和月供成了用人单位必须要支付的刚性成本，不论这个人值与不值，用人单位必须接受——你得让员工生存呀！如果他无法生活，怎么工作？这与员工能为单位创造多少价值无关。也就是说，三百六十行里每一个单位都在给房地产商打工，所有员工的住房钱都是单位在付，并且是无条件的。房地产绑架中国经济成为一个刚性成本，而这个成本是企业必须要付的，不管这个人有没有价值。这就是房地产绑架了中国经济的第二层含义。

第三，房地产把中国主要的经济主体和行业给捆绑了。首先，房地产捆绑了银行。房地产是个玩弄资本运作游戏的行业，消费者通过按揭的方式把未来的钱透支给开发商进行地产开发，同时房地产商开发过程几乎都是举债开发，在银行办理贷款，办理按揭，将银行很大一部分钱都卷入房地产市场，房地产商是银行最大的客户，因为银行贷款给房地产商和购房者，房地产是抵押物，所以银行希望房地产涨价。如果房价一路下跌，银行就要倒闭，如果楼市崩溃，跟着很可能就是中国金融的崩溃。这等于房地产把银行绑住了。

其次，房地产绑住了地方政府。房地产税费共63项，其中税13项、费50项。63项税费占房价的30%~40%，另外，土地出让金占到房价的30%~50%。如果把63项税费和土地出让金加起来，一套商品房价格的60%~90%都装进了政府口袋。地方政府财政主要依赖土地出让金，中央政府财政则依赖税费。在土地财政的体制下，土地是地方财政的主要来源，所以地方政府也放任房子涨价，否则地方财政就会大幅减少。

最后，房地产绑架了中央政府。在追求GDP（国内生产总值）增长和以GDP为政绩考核指标的各级政府政策导向下，在一个靠投资拉动经济的国家，房地产在中国经济中占据着重要地位，房地产的上下游及相关产业很多，包括：建筑业、建材行业、能源行业、家居电气行业、媒体单位、配套服务（物业、房产代理中介等）、公共产业（水、电、气等）等。可以说，房地产代表了中国经济的基本面，它的兴衰牵动着整个中国经济的兴衰，房地产的崩溃会引起中国经济的地震、相关行业的崩溃和衰落、大批量的人员失业，尤其以建筑为代表的农民工失业可能引起社会动荡。因为房地产的相关行业太多了，房地产跟国民经济方方面面都相关联，各行各业都跟其有联动关系，也就是说牵一发而动全身，房价一跌，其上下游各相关行业的链条都会断裂，如果国家对房价真正打压，将导致整个国民经济崩溃。这就是房地产绑架中国经济的概念和内涵。所以，房地产已经绑架了中国经济。

往届中央政府每年都在对楼市进行调控，但是我们看到的结果却是越调越涨，究其根本原因在于房地产已经绑架了中国经济。为什么往届政府调控房价调控不下来？就是因为房地产绑定了中央政府，国家根本没有决心进行房地产调控，不敢从根源上解决地产问题，每次调控只做些表面文章。因为房地产市场的畸形已经引起老百姓的普遍不满，调控的民意呼声越来越高，政府迫于压力，要有所表示，但每次调控的结果却适得其反，而且每次调控最坐不住的就是地方政府，每次调控都想尽办法给楼市松绑，以前房地产商还会配合政府作秀，政策一出，房价适当下跌，之后再报复性上涨，最后房地产商连作秀都懒得做，政策一出直接上涨，因为开发商深刻地知道“绑匪”没必要怕“人质”的道理。

第四，房地产绑架了个人、家庭和企业。由于房地产这些年成为投资回报最快最高的投资方式，全国人民购房投资热一直难以抑制，他们用自己的全部储蓄，或全家的储蓄，甚至透支未来的收入，进行房地产投资，一旦房地产泡沫破灭，多少家庭要破产。

还有各行各业的热钱由于房地产的高回报，均涌入楼市投资，很多做实业的企业都进行了房地产投资开发，温州老板和鄂尔多斯富商的炒房团更不用说，东北富人撑起大连与海南的天价房更是有力证明，中国太多行业的资本和热钱都涌入楼市，房地产泡沫破灭不只对中国经济是伤筋动骨，甚至会牵动中国经济的血和肉。

关于中国的房地产，笔者在2011年一档“对策中国房地产”的电视节目中就曾表达过九个观点，“房地产绑架了中国经济”是其一，另外八个观点分述如下。现在看起来，事实已经证明，这些观点都是正确的。

二、房价上涨有它的“刚性”，是利益共同体共同作用的结果

为什么房价会上涨呢？为什么老是调不下来呢？为什么越调控反而越涨呢？那是因为与房地产利益相关的主体都希望房价上涨，是这些利益主体强大的利益驱动的结果。

一是中央政府。其实往届中央政府也不是真想把房价打压下来，为什么呢？因为往届中央政府都追求GDP（国内生产总值）增长，把GDP增长作为政绩考核指标，而房地产是一个支柱产业，房地产与各行各业相关度那么高，我们说它绑架了整个国民经济，一打压，整个经济就要下滑，GDP就掉下来了，中央政府就保持不了GDP的高速增长了。把房价打压了，GDP掉下去怎么办呢？现在中央政府主动调低了GDP增长率，房地产调控措施不出，连喊都不喊，房价就自然调下来了。

二是地方政府。地方和中央都要有财政收入，国家是财政部，地方是财政局，20世纪90年代朱镕基总理有一个分税制改革，即分设了国税和地税，把地方政府的部分财政大权收归了中央，地方政府的财政收入减少了怎么办呢？朱镕基给地方政府一个办法，那就是准许他们出卖土地使用权，卖地的钱归地方财政，其他的税要交给国家，国税就是这样

来的，中央财政主要是靠这个税收，地方政府就靠卖地，这样一来，地方政府当然希望地价高了，地价高房价能低吗？地价低房价能高吗？所以地方政府也不是真正要把房价打压下来，也希望房价是涨的，因为房价跌地价就要跌，财政收入就要下跌。

三是银行。开发商卖出的房子大部分是靠贷款。房地产商把房子建起来了，交给银行做抵押，银行把钱拿出来给房地产商，房地产商把钱收走了，又把款贷给购房者，房地产商把房子给你了，你就得替他还债，而银行是靠房地产抵押贷的款，这个款要收回来。如果房价一跌，购房者不还钱了，银行只能把房子收回来，房子收回来但房价跌了，银行就要面临破产。比如，本来是价值一百万元的房子，银行收回来后变成五十万元了，银行就要破产了。所以银行也是不希望房价跌，而是希望房价涨的。

四是房地产商。开发商是卖房子的，做这个生意的会希望它跌吗？肯定是希望涨的，所以任志强他们天天说房价要涨，他们说房价要涨，是由其立场决定的。等到跌下来的那一天，他们还是会说要涨上去的。他们这么说也没错，从长期趋势来看房价跌下来之后是还要再涨上去的。1993 年海南房地产泡沫破灭，到 2013 年确实又涨上来了，但是这期间多少人早已经破产了，这完全是两个概念，我们说的涨跌当然不是指这个概念了。

五是房地产上下游相关企业。建材、水泥、家具、装修、涂料等这些与房地产相关的上下游企业，只有房地产行业前景看好，这些相关企业才能发大财。如果房价下跌，卖建材的也跟着降价，水泥也跟着降价，整个一条绳上的蚂蚱就全完了，所以这些人也希望房价涨。

六是已经购房的人和媒体。现在有很多人，他们买了很多房子，他们买房子不是为自住，而是为了投资。如果房价跌了，这些买房子的人资产就会缩水，不是赔了吗？而这些买很多套房子的人往往又是有权势的人，这些人是意见领袖，他们把住了舆论导向。我们的媒体上其实是国家在说，中央政府在说，地方政府在说，银行在说，房地产商在说，买了房子的人在说，富翁在说，中产阶层的人在说，还有媒体本身也是房价上涨的受益者。因为房地产商越有钱，越会在媒体上多投广告，所以媒体也乐得唱盛房地产，这些意见领袖都在说房价要涨，还说只涨不跌。真正的平民有几个能发出声音来的？

这么强大的六大利益主体共同在发生作用，导致了房价上涨的“刚性”，房价调整不下来的根源在这里。

三、限购令是下下策

限购令是下下策，其导致的后果是报复性反弹。你想，一个东西在涨价，为了控制价格上涨，你限制购买，你不让他买了，需求是不是还在？他是不是还要买？这种调控实际上只是抑制了消费。当需求被抑制久了之后，一旦放开就会爆发报复性的反弹。这种调控是越调越糟糕。这是违犯市场规律的。这是计划经济时代的做法。这和北京买车摇号是一个道理，有人根本就没想到要买车，但一听说要摇号了，他反而觉得不去摇号就亏了，想买的人反而更多了，那不是更促其上涨吗？中国限购就到国外去买，结果是中国炒房团炒高了欧美房地产价格，投资外流，拉动了外国的内需，为促进欧美国家的经济发展作出了重要贡献。

四、楼市调控一招见效

如果真的要调控房价，一招就能见效，就是银行停止按揭贷款。银行不贷款给你，你有钱就去买，没有钱就不要买。这符合市场规律。既然国家想要调控房价，那国家的银行干吗又要支持你买房子呢？上面国家一只手在调控房价，下面国家另一只手又在悄悄地托起房价，这不是自相矛盾吗？如果国家真想打压房价，其实根本不需要打压，不支持或少支持没有钱的人买房就行了。没有钱你还怎么买？需求自然就会降下来，房价也就自然会降下来。如果真要调控，银行停止按揭贷款，没钱你就先等着，至于为什么没钱，那是另外一个话题，房价肯定降下来，这很简单！为什么不去做呢？不就顾忌银行少了贷款的利息收入吗？

当然，如果要从根本上抑制房价上涨，必须彻底改变中央政府 GDP 对房地产的依赖和地方财政对土地的依赖，也就是说，必须找到能够长期稳定推动 GDP 增长又能够为地方财政提供长期稳定源源不断收入的新路子，这就是涉及中国经济的结构调整和转型升级这一根本问题，是中国经济的大问题，是国家战略问题，也是无数专家学者和政府官员长期为之绞尽脑汁而又始终不得其解的关系到中国经济前途、命运和根本出路的国家战略性大问题。对这一问题，笔者在长期的经济研究、企业策划、城市策划、国家策划的实践中提出了一揽子解决方案，那就是通过打造中国品牌，进而使中国品牌走向世界。品牌能够大幅度增加附加值，从而增加 GDP，而不需要增加原材料等的消耗，正好可以使中国经济由粗放型增长方式向集约型增长方式转变，打造中国经济的升级版，同时实现美丽中国和生态文明；品牌可以大大提高品牌企业的利税，从而可以使地方政府通过税收增加财政收入，摆脱对土地财政的依赖；而且打造中国品牌还有很大的提升空间和可持续时间，完全可以通过打造品牌实现 GDP 长期稳定的高速增长，从而实现中华民族伟大复兴成为世界强国的中国梦。这就是“品牌强中国，实现中国梦”，是笔者另一本书的主题。关于这一问题的详细论述，笔者已在该书中完成，在此只作简要概述。

中国经济过去 30 年 GDP 的高速增长，其实靠的是两点：

一是靠中国制造的低价贱卖，卖的是一个国家最宝贵的真财富——原材料、资源、能源、生态、环境和廉价劳动力，而且是半卖半送，因为国家长期实行的是出口退税政策，出口退税其实是国家在做促销，所以实际上是低价贱卖还不够，还要半卖半送。而这样换回来的外汇还在遭受贬值的风险，这实际上又是将过去低价贱卖、半卖半送的货物部分地白送了。总结起来一句话，中国制造的30年实际上是将中国最宝贵的真财富低价贱卖+半卖半送+买一送一得来的，换言之，是倾家荡产+流血流汗得来的。

二是靠房地产高价高卖，我们知道，房价中主要是地价，而土地原来就存在，只是一直没有商品化，从而没有被计入GDP，而现在则全部计入了当年的GDP，所以GDP增长中很大一部分是将原来就存在但没有商品化的土地货币化从而量化为GDP而得来的，而且是以全世界最高的价格，并且还只是以70年使用权的形式将70年的租金加上银行利息一次性计入当年的GDP得来的。这种GDP的绝大部分（土地出让金）成为地方政府的财政收入。

中国经济过去年30年GDP高速增长的这两种方式都是不可持续的，这两种增长方式都是有极限的，而且这种极限已经到来了。打造品牌，既可以使得GDP保持长期稳定高速的增长，同时又能够使得地方政府从品牌企业的税收中获得巨量的财政收入，从而摆脱地方政府对土地的依赖；打造品牌，还可以走出中国制造低价贱卖依赖消耗粗放式经济增长的困境，实现中国经济由粗放型增长向集约式增长转变从而美丽中国、生态中国。因此，从中国制造到中国品牌，既是中国经济结构调整和转型升级的必由之路，又是实现美丽中国、生态中国和实现中国梦的必由之路，同时也是房地产调控的最好办法。

五、房地产暴利的秘密还鲜为人知

房地产行业是诞生福布斯排行榜上富豪最多的领域。大家都知道房地产是暴利行业，但笔者认为，房地产暴利的秘密还鲜为人知。

房地产暴利的秘密之一——房地产商的房子卖的是零售价

一般企业生产出来的产品都会通过层层分销才能最终以零售价卖给消费者，而生产产品的厂家所获得的并非是按零售价出售的全部收入，而只是按出厂价计算的销售收入，出厂价往往不及零售价的一半，其余的那一半多通过层层加价的形式分给了中间的批发环节和零售店。可房子是由房地产商直接卖给消费者的，卖2万元一平方米就是得到2万元，尽管房地产也有代理商，但它与传统行业不一样，传统行业厂家至少要砍掉一半给人家，五折、四折、三折、二折甚至是一折，房地产商把房子给代理商卖的代理费率却是九八折、九九折，代理商只提一个点、两个点，几乎可以忽略不计。房地产商卖的是零售价，如果成本是一折的话，那么他赚的是九折，是九倍了，利润率高达900%；如果成本是九折，他还赚10%；如果成本是四折，他赚60%，那可就是暴利了。这就是房地产暴利的秘密之一，从来没有人指出这一点。

房地产暴利的秘密之二——房地产销售通常不需要进行全国分销，因此往往不需要打全国性销售广告，从而节省了大量广告费

房地产是固定资产，不像其他产品可以拿着它到处去卖，它的销售往往是区域性的，不需要进行全国分销，一般只是卖给当地人，因此即使打广告做宣传也不需要做全国性的。而其他行业的企业生产的产品却要进行全国性乃至全世界的分销，从而要打全国性乃至全世界的广告，一年的广告费就要花几亿元、十几亿元、几十亿元，这些广告费都是成本，而且都是厂家在支付，厂家把产品批发给渠道商去卖，但广告还得厂家打，打广告的全部费用都是厂家的成本。而房地产商就没有这项开支，现在的房子都限购，不需要打广告，即使打也不用打全国性广告，你见过哪个房地产楼盘打全国广告的？北京某楼盘打全国广告吗？不需要，只在北京打就可以了，因为只有来北京的人才会去买，不来北京的也不会去买，所以也不用打，这就大大节省了传播费用。如果是一个地级城市或县级小城市的楼盘，打几万元的广告就够了，而如果打全国广告就得花几亿元！这几亿元就省下来了。而一个楼盘同样可以销售额过亿元，过十亿元，过百亿元，这与一家生产性企业的全国市场乃至国际市场的年销售额是相当的，换句话说，一个楼盘的坐地销售额并不比一家全国性销售的生产性企业的年销售额少！而它只需要在本地销售。这就是房地产暴利的秘密。

房地产暴利的秘密之三——不需要庞大的全国性营销团队，从而节省庞大的营销费用

生产性企业的一个产品要卖到全中国，除了全国各地的代理商、经销商之外，厂家自己还要有一支庞大的全国性营销团队，分赴全国各地协销，或驻店促销，或联系当地媒体投放广告，或协助经销商进行政府公关，或与经销商、代理商沟通，等等。在全国各地设立分公司、子公司、办事处等，少则数十人、数百人，多则数万人、数十万人，这些人的工资、奖金、提成、差旅费、食宿费、通信费等，都是生产企业在承担，这是一笔庞大的费用，都要分摊在产品销售里面，而这笔庞大的地面营销费用在房地产企业里则省了，一个楼盘不需要派一万多人全国各地到处去卖，没有这么做的。

这么庞大的广告费用和地面团队的费用，还有经销商层层分销的让利，这些都是属于营销费用。一家生产性企业要将一个产品或品牌卖到全中国乃至全世界，包括苹果公司，都存在这样一个庞大的营销费用，而在房地产企业里这笔钱就省下来了。一家生产性企业在全国市场能做到年销售额十亿元就不错了，而一个大型楼盘或高档楼盘的销售额也有十亿元甚至上百亿元，相当于一家生产性企业将产品卖到全国市场的销售额。生产性企业打那么多广告，派那么多人，营销费用数以亿计，全国各地那么多经销商、代理商一起卖才十亿元，一个楼盘一开盘就是十亿元，把几亿元的营销费用全部节省了，这就是房地产暴利的秘密。

房地产暴利的秘密之四——资本运作的杠杆效应大大提高了利润率

房地产是固定资产，房地产投资是固定资产投资，而固定资产很容易获得银行的抵押贷款，加之施工过程中的垫资操作等，早期的房地产开发商几乎不需要多少自有资金。房地产是资金密集性行业，但自有资金却并不需要很多，这对房地产企业的发展壮大是极为有利的。众所周知，中国的中小企业普遍存在融资难的问题，资金瓶颈是制约中国中小企业的老大难问题，这一问题在房地产企业那里则轻而易举地得到了很好的解决。不仅如此，房地产企业还由于这种融资杠杆效应大大提高了利润率。一个楼盘卖了十亿元，房地产商的投资可能只有200万元。利润率就高得出奇了，竟达百分之一万！但是，房地产企业是按照总投资来计算利润率的，所以也就是25%，比其他行业略高而已，掩盖了房地产企业的暴利真相，这就是房地产暴利的秘密之四。

这就是杠杆效应。现在我们明白为什么会有那么多房地产商登上福布斯排行榜了，因为他们的利润率不是百分之几，而是百分之几千！如果你是做传统生意的，你得把厂房先建起来，进机器设备，再进原材料，然后雇员工把产品生产出来，再卖出去，而为了把产品卖出去，你还得打广告，得组建营销团队，得找分销商，大笔资金得先全部投进去，卖出产品之后再扣掉这些投资才是你挣的。你是用全额投资在做生意，而房地产用的是杠杆效应，是用银行的钱在做生意，这是不公平的地方。做其他行业没有固定资产你很难贷到款，原材料、机器设备这些很难用贷款来购买，生产出来的产品在销售过程中也很难抵押贷款。而房地产却可以这么干，因为房地产是固定资产，拿不走，而其他企业的原材料、机器设备、产品都是可以流动的，是流动资金，是不能抵押的。也就是说，传统行业不能用杠杆经营，甚至连正常的融资贷款都很难做到，房地产却可以充分运用杠杆效应，可以用国家银行的钱来赚钱，十亿元拿回来八亿元还给银行，还给垫资的，全部还掉，剩下两亿元的净利润，除以八亿元，分母很高，利润率并不高，但用他自己的钱很少，区区两百万元，除以两百万元，分母就很小了，利润率就很高了，这就是暴利。

其他行业的企业要用自己的钱挣钱，而房地产行业的企业却可以用别人的钱挣钱，可以用国家银行的钱为自己挣钱，这就是不公平，也是暴利的来源。

六、房地产调控不当必将引发中国经济危机

中国的经济危机不是不会到来，而是尚未到来，是滞后到来，也将由房地产泡沫的破灭而引发。

房地产泡沫的破灭必将引发中国经济的崩盘，也就是经济危机。房价是一定要跌的，房价像脱缰的野马一样疯涨，最后必然泡沫破灭，房价急剧下跌，从而引发中国经济危机。美国的次贷危机就是由房地产泡沫的破灭而引发的。房地产绑架了中国经济，所以房地产泡沫的破灭必将引发中国经济崩盘，陷入经济危机，陷入长期的经济衰退，这是最坏的后果。

那么，怎么办呢？是任由房价疯涨，让它崩盘才掉下来，引发经济危机呢？还是采取有效措施控制住，让它慢慢地降下来，软着陆？显然，正确的答案是后者，是让它慢慢地降下来，这就要进行调控。

如何调控？前面已经讲了一招，就是运用银行的按揭贷款进行调控，停止按揭贷款，或降低按揭贷款的成数，这一招就能立竿见影；而要从根本上解决问题，则是运用笔者为习近平总书记所做的专题策划“品牌强中国，实现中国梦”，打造中国品牌，让中国品牌走向世界，一揽子解决中国经济的结构调整问题、转型升级问题、美丽中国问题、生态中国问题、土地财政问题、实现中国梦的问题等，顺便也就解决了房价过高的房地产调控问题。这一招在前面也已经讲过了。

现在再出一招，这就是笔者在《新城镇化与中国城市整体大策划》一书中提到的方案。这一方案的主旨思想是走出房地产调控这个怪圈，站到新城镇化的国家战略的高度，对新城镇化和中国城市进行整体大策划，让新城镇化发挥有力地拉动内需、拉低房价的正能量的作用，避免在现有城市“开膛破肚”、兴建高楼大厦而引发房价飞涨、城市功能瘫痪、中国经济崩盘等“副作用”。笔者为新城镇化提出的对策共八条，简称“新八条”，即新城镇化要在城乡之间科学地造新城，新城镇化要在城乡之间科学地造新的小城镇，新城镇化要在城乡之间科学地造新的美丽的小城镇，新城镇化要在城乡之间科学地造新的生态的小城镇，新城镇化要在城乡之间科学地造新的宜居的小城镇，新城镇化要在城乡之间科学地造新的宜业的小城镇，新城镇化要在城乡之间科学地造新的绿色、环保、低碳、节能、发展现代农业、食品安全的小城镇，新城镇化要在城乡之间科学地造新的经过精心的主题定位和整体大策划的各有各的主题定位、各有各的主题文化、各有各的主题公共艺术、各有各的主题产业、各有各的主题旅游、各有各的美丽和特色等的小城镇。这样大量的新城镇建设，不仅能够有效地安置大量农民进城，还能分流部分现有大中小城市的住房需求，现有城市里的人也会去买这样的房子，5000 元、3000 元，甚至 300 元一平方米，这样的房子大部分人都买得起，大量的廉价房的供应，从根本上解决了低价房的供应问题，解决了低收入人的住房问题，这些人拥有了房子，住房需求就大大地降低了，对现有城市的购房压力也降下来了，需求降低了压力降下来了，供给加大了房价自然就降下来了。这样的新城镇化能够使中国的房地产回到良性的轨道上来，从而使中国经济避免发生经济危机，而且还能使城镇化成为拉动经济增长的强大动力。新城镇化是在增加房地产的供给，拉动经济增长，这就抵消了房价下跌对经济的影响，这是一个很完美的计划。

七、房地产拉动了中国经济的"虚增长"

中国经济高速增长、发展了三十多年，全世界都认为是个奇迹，大家都感到很自豪，很骄傲，都认为可喜可贺。但是我们要想一想，中国经济高速发展靠的是什么？其中房地产占了GDP很大的比重。中国有这么多人，全民都在买房，而且房价虚高得这么离谱，全世界最高，换句话说，是国民用虚高的房价拉动了中国经济的高速发展，首先是拉动了房地产及相关行业的高速发展，然后是带动了其他各行各业和整个国民经济的高速发展，因为房地产绑架了中国经济，每个人的房价都加到其他行业里去了，由别的行业给它埋单了，这都是在拉动GDP。

但是，高房价又是怎么来的呢？高房价的主要原因是高地价，如果没有高地价，房子会很便宜。高房价中的大部分是地价，也就是说GDP中的很大一部分是靠卖地得来的。而在中国，卖地又意味着什么呢？这块地本来就存在，卖了一下而已，没有创造财富，它不是从美国拿来的，不是生产出来的，本来就存在，只不过原来我们国家的土地是不能买卖的，是无偿划拨使用的，是无价的，因而它没有被计入GDP，现在把它货币化了，变成钱，计入了GDP，国家的财富一下子就暴涨了，这就是由房地产带动的GDP增长的真实含义，是改革改出来的红利，是印刷厂里印出来的纸上富贵。中国960万平方千米土地，本来没算一分钱的GDP，现在还是960万平方千米，都算成钱计入GDP，我们来算一下账，假如一平方千米卖一亿元，就是960万亿元，GDP一下子增加了960万亿元！GDP爆长了，而这些钱都是我们老百姓给的，老百姓把钱给了国家，带来了GDP的高速增长，但这块地本来就是老百姓的，你把它拿来卖给老百姓了，就像卖空气一样，空气本来就存在，原来不要钱，现在要钱了，你只是把它卖了一下而已，GDP就这样增长了，其实增长的只是房子，而房子只占一小部分。

GDP 是什么概念？GDP 是一个国家创造的财富总量。比如说卖给你手机，你原来没手机现在有手机了，这个手机是创造出来的财富。比如说这水不干净，把它加工成纯净水再卖给你，你喝了后变得更健康了；糖果是你生产出来的，拿去吃了享受；大米是种来吃的，防止饥饿。这些都是有创造的财富的增加，而这块地本来就存在，只不过是卖了一遍，让你掏钱而已。这么多年来，中国都在卖地，卖地的钱都算作国民收入 GDP，如果把这部分 GDP 扣掉的话，中国的经济增长率至少得减掉一半，也就是 3%~4% 而已，根本算不上什么奇迹，也谈不上高速。在市场经济国家，比如美国，土地早就私有化了，而且是永久性的，早就已经被计入了 GDP，GDP 的增长反映的是增量，而不是全部；而我们国家因为改革，30 年前这些地全部以零计入 GDP，现在则以全额计入了 GDP，GDP 突然变得非常大，全部当作是该年度新创造的财富，GDP 的增长率当然会很高，这样中国表面上是富起来了。

但是，中国人真的富了吗？非也。别看中国人生活好像好了，很多人都有自己的房子住了，但是中国人很多都负债了，被房地产套牢了。我们买的房子其实是付了 70 年的土地使用权的租金而已，70 年地租连同银行贷款的利息一次性付给了国家，计入了当年的 GDP，我们很多人从买了房子那天起根本不可能再活 70 年了，我们等于是在为下辈子甚至是下下辈子付房租，不，是地租，以便将这些租金连同银行贷款利息一次性计入当年的 GDP，月供要几十年才能还清！这是寅吃卯粮，把未来几十年的钱提前拿来花掉了，计入了当年的 GDP！虚假的繁荣，虚假的 GDP 增长，虚假的富有。现在我们的生活压力很大，到处都是蜗居、打拼、北漂、南漂，这且不说，而且我们还负了债，房子压得你几十年抬不起头来。再想想我们今天的工作，压力大，付出多，回报少，物价又高，中国的经济就是这样发展起来的。中国的经济增长率虽然长期高达 10% 左右，但那是虚增长，欧美国家虽然只有很低的 1%、2%、3%，但人家是真增长，咱们是假增长，是虚假繁荣。

要房价下跌，中央政府必须拉闸，减少银行信贷和货币量投放，GDP 必然下跌，国民经济陷入衰退；

房价下跌，地方政府财政收入减少，政府可能破产；

房价下跌，购房者不还贷，银行把房子收回来拍卖，拍卖所得不够抵债，银行就会破产倒闭；

房价下跌，买房者资产缩水，就会被深度套牢，很多家庭会破产，很多人会跳楼；

房价下跌，资金链断裂，房地产企业会倒闭，老板会跳楼；

房价下跌，与房地产相关的各行各业率先衰退，涟漪不断扩散，致整个中国经济崩溃。

房地产牵一发而动全身，房地产绑架了中国经济和全中国人民。

作者

2015 年 1 月

目　录

第一章　中国房地产发展史是一部调控史

电视台为了吸引眼球，什么怪招都使得出来，相亲的、谈心的、访谈的……五花八门，应有尽有，让你一打开电视便有种目不暇接的感觉。有家省级电视台找来许多双胞胎做节目，让他们谈人生感悟、生活点滴，可谓挖空心思，绞尽脑汁。

而我国多年前实施的、目前还在进行的房地产调控是越调控房价越涨。为什么这么说呢？政府实施的房地产调控的根本目的是什么？效果如何呢？

20 世纪末，中央的房价调控措施已经开始

自 20 世纪 90 年代初开始，中央出台房价调控措施就一直没有间断过。

1993 年，我国首次出现房地产热——房地产开发公司急剧增加，房地产开发投资高速增长，以炒地皮、炒钢材、炒项目为主的房地产市场异常活跃，尤其是海南、广西北海等地，房地产开发过热，形成了较严重的房地产泡沫，经济运行出现严重过热态势和通货膨胀。

国务院出台了《关于当前经济情况和加强宏观调控的意见》，提出整

顿金融秩序、加强宏观调控的16条政策措施（通称“国16条”）。

1994年出台《关于深化城镇住房制度改革的决定》、《城市房地产管理法》和《住宅担保贷款管理试行办法》。

1997年亚洲金融危机爆发后，我国经济开始出现“通货紧缩”，房地产市场也随之进入低潮。这一时期存在住房供应结构不合理、矛盾突出、房地产市场秩序比较混乱等问题。

1998年7月，为刺激消费、拉动内需，国务院颁布《关于进一步深化城镇住房制度改革、加快住房建设的通知》（简称23号文件），明确提出“促使住宅业成为新的经济增长点”，并拉开了以取消福利分房为特征的中国住房制度改革。23号文件强调，在停止住房实物分配后，新的国家住房保障体系在“逐步实行住房分配货币化”的同时，要“建立和完善以经济适用住房为主体的住房供应体系”。按照建设部当时的保守算法，“最低收入者家庭”和“高收入者家庭”分别占了城市居民家庭总数的10%上下，可以买“经济适用房”的“中低收入家庭”，最低的也要占到居民人数的80%以上，高的甚至占到总人口的95%。

1999年中央政府开始在全国范围内停止福利分房制度，推行住房分配货币化制度。

21世纪开始至今，中央的房价调控依旧在高位

从2003年开始，我国房地产投资快速增长，再次出现经济过热迹象。由于2003年土地使用权全面施行招投标、挂牌、拍卖方式取得，导致土地价格和房价大幅上涨。而从1998年开始的房地产信贷给尚不完善

的中国银行金融体系带来了巨大的潜在风险。

2003 年 6 月，中国人民银行下发《关于进一步加强房地产信贷业务管理的通知》（简称 121 号文件），调整商业银行个人住房贷款政策。规定对购买高档商品房、别墅或第二套以上（含第二套）商品房的借款人，适当提高首付款比例，不再执行优惠住房利率规定。此份文件是中国第一轮房地产牛市启动之后，中央政府第一次采取抑制房地产过热的措施。

2003 年 8 月出台《关于促进房地产市场持续健康发展的通知》（简称 18 号文件），首次明确指出“房地产业关联度高，带动力强，已经成为国民经济的支柱产业”，并提出促进房地产市场持续健康发展是保持国民经济持续快速健康发展的有力措施，对符合条件的房地产开发企业和房地产项目要继续加大信贷支持力度。

18 号文件没有提出实质性的控制房价和投资过热的措施，倒是把 23 号文件中有关“经济适用房是住房供应的主体”改为“经济适用房是具有保障性质的政策性商品住房”。意味着政府将“为 70% ~80% 以上的家庭提供经济适用房”的政策调整为“多数家庭购买或承租普通商品住房”。该文件对经济适用房的重新定性也为后来个人、组织或群体利用住房改革政策寻租、非法获利埋下了隐患。这两份意见向左的文件相继出台，将政府既害怕房地产价格和投资增长过快又希望继续拉动经济增长的摇摆不定的矛盾心态展露无遗。而各级政府主导的“圈地热”、日渐增大的金融信贷风险等原先大量潜在的问题也随着楼市的火爆而集中暴露出来。

2005 年，房地产开发虽然继续保持着快速发展的惯性，但增速明显减慢，然而，房价快速上涨的势头仍然没有改变，以深圳、北京为代表的全国众多城市房价迅猛上涨，房价成为社会关注的焦点。为了抑制投资过热、调整住房供应结构、稳定房地产价格，中央政府打出调控“组合拳”——2005 年 3 月底，国务院办公厅下发《关于切实稳定住房价格

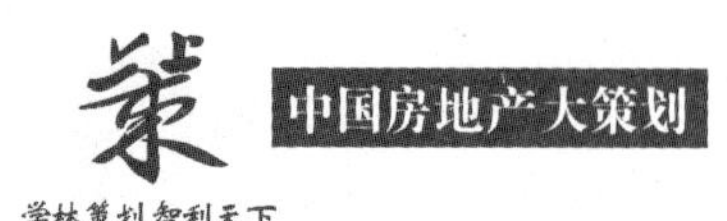

的通知》，提出抑制住房价格过快上涨的八项措施（简称“国八条”），建立政府负责制，将稳定住房价格提升到政治高度。4月，国务院常务会议提出，当前加强房地产市场引导和调控要采取八项措施（简称“新国八条”），对“国八条”进一步细化、延伸。随即，国务院转发由建设部等七部委联合制定的房地产调控操作层面的细化方案。

2006年5月，国务院常务会议通过有针对性的六项措施（简称“国六条”），将调整住房供应结构作为调控着力点。随后出台的《关于调整住房供应结构稳定住房价格的意见》（简称“九部委‘十五条’”）对“国六条”进一步细化。其中提到的“限套型”“限房价”的普通商品住房，被称作“限价房”——以期解决中等收入夹心层群体的住房问题。“国六条”提出的“规范发展经济适用房”方针，将门槛提高至城镇低收入阶层，试图构建一种“最低收入阶层靠廉租房，低收入阶层靠经济适用房，其他阶层靠房地产市场”的解决方案。这意味着，自2003年调控以来，政府保障房惠及的人群范围进一步缩小，政府将更多人的住房问题扔给了市场。从供需关系上看，这一方针的确立势必推动房价上涨。而加快城镇廉租住房制度建设和“限价房”方案的提出，曾让人们看到希望，然而以后的房价走势却又屡屡让人们失望。

2007年，以稳定房价为诉求的房地产调控进一步深化。土地、信贷、税收等为房地产市场降温的各项调控新政密集推出，从土地管理、规范市场秩序、抑制投机（尤其抑制外商投资房地产）、调整住房结构等多方面全面出击。

2008年是戏剧性的一年。年初货币政策从“适度从紧”改为“从紧”，而财政政策继续保持稳健。下半年随着世界金融危机的影响扩大，央行宣布“双率”齐降，货币政策再度从“从紧”向“适度宽松”转变。本来在前期调控政策和金融危机的影响下，房地产投资迅速减少，国际热钱纷纷撤出，房地产市场进入观望状态，成交量日减，房价也有所下降。然而，在调控效果刚刚显现时，政策再次松动，最终导致前功尽弃。

2009 年，中国房地产市场从年初的“试探性抄底”，到年中的“放量大涨”，再到年底的“恐慌性抢购”，短短一年间，中国楼市迅速地由低迷转变为亢奋，由萧条转变为繁荣，调控由“去库存”转变为“挤泡沫”。

2009 年的房价飞涨，大家有目共睹。2009 年第一季度，房市神话继续上演，房价持续攀高。根据国家统计局的统计数据显示，2009 年，房价环比累计上涨 7.75%，同比上涨 1.53%，其中 2009 年第四季度更是实现同比上涨 5.8%。其中，在北上广深四个一线城市中，广州、深圳的住房价格上涨最快，商品住房的价格分别上涨 19.7% 和 14.1%，深圳二手住房价格甚至累计上涨了 23.78%，在 70 个大中城市中排名首位。北京商品住宅和二手住宅分别累计上涨 13% 和 2.9%，上海商品住宅和二手住宅分别累计上涨 9.03% 和 7.42%。

2009 年 12 月，为遏制部分城市房价过快上涨，中央政府决定不再延长 2008 年年底出台的二手房营业税减免优惠政策——将个人住房转让营业税免征时限由 2 年恢复至 5 年，遏制炒房现象。随后提出了“增加普通商品住房的有效供给；继续支持居民自住和改善型住房消费，抑制投资投机性购房；加强市场监管；继续大规模推进保障性安居工程建设”四条具体措施（简称“国四条”），以完善促进房地产市场健康发展为目标。国务院各部委陆续出台调控细节，逐渐废除了 2008 年的刺激房市政策，再次转向稳定房价。

2010 年，以稳定房价为主的房地产调控到了关键时刻。4 月 15 日，国土资源部公布 2010 年住房供地计划，拟计划供应住房用地总量同比增长逾 130%，其中中小套型商品房将占四成多，超过去年全国实际住房用地总量。4 月 18 日，国务院发布通知指出，商品住房价格过高、上涨过快、供应紧张的地区，商业银行可根据风险状况，暂停发放购买第三套及以上住房贷款；对不能提供一年以上当地纳税证明或社会保险缴纳证明的非本地居民暂停发放购买住房贷款。4 月 27 日，国务院发布了《国务院关于坚决遏制部分城市房价过快上涨的通知》（简称“国十条”），要求对贷款购买第二套住房的家庭，贷款首付款不得低于 50%，贷款利率不得低于基准利率的 1.1 倍，对购买首套住房且套型建筑面积在 90 平方米以上的家庭，贷款首付款比例不得低于 30%。国务院常务会议指出，全球金融危机的影响仍在持续，将保持货币信贷适度增长，坚决抑制住房价格过快上涨，并将加快研究制定合理引导个人住房消费的税收政策。被称为“史上最严厉的调控政策”。虽然期间中央领导人不断发言说“房价第四季度会下降”，但由于前几次调控政府政策摇摆不定，购房者对此次房地产调控信心不足，以至于在房地产市场经过 4 个多月的观望僵持后又现回暖迹象，房地产迷局仍在变化之中。国务院又发出《关于坚决遏制部分城市房价过快上涨的通知》，提出十条举措，被称为房地产“新国十条”。

新国十条内容：①统一思想，提高认识；②建立考核问责机制；③实行更为严格的差别化住房信贷政策；④发挥税收政策对住房消费和房地产收益的调节作用；⑤增加居住用地有效供应；⑥调整住房供应结构；⑦确保完成 2010 年建设保障性住房 300 万套、各类棚户区改造住房 280 万套的工作任务；⑧加强对房地产开发企业购地和融资的监管；⑨加大交易秩序监管力度；⑩完善房地产市场信息披露制度。

2012 年，胡锦涛在十八大报告中表示，要“建立市场配置和政府保障相结合的住房制度，加强保障性住房建设和管理，满足困难家庭基本需求”。这也是“保障房建设”首次被写入党代会报告。

在十八大记者招待会上，十八大代表、住房和城乡建设部部长说，党的十六大以来，按照党中央、国务院的决策部署，中国大规模推进保障性安居工程建设，解决困难群众基本住房问题；不断完善房地产市场，满足群众多层次住房需求；同时，坚持城乡统筹，加大农村危房改造试点工作力度，改善农村困难群众住房条件。经过不断探索和努力，城乡住房建设和发展取得了明显成效。中央坚持政府调控和市场调节相结合，加快完善符合国情的住房体制机制和政策体系，促进房地产市场平稳健康发展，加快保障性安居工程建设，进一步加大农村危房改造力度，努力实现城乡居民住有所居。“十二五”期间城镇保障性住房建设目标是3600万套，2011年已经开工1000万套，2012年开工了700多万套，2013年开工数量不低于500万套。随着大批保障房陆续建成，配套设施建设、管理分配等都是需要解决的重要问题。政府强调要继续加强保障房建设资金管理，并坚持房地产市场调控政策不放松。

2013年2月20日，温家宝主持召开国务院常务会议，研究部署继续做好房地产市场调控工作。会议确定了五项加强房地产市场调控的政策措施（称为“新国五条”），再次将房价推向风口浪尖。会议不仅再次重申坚持执行以限购、限贷为核心的调控政策，坚决打击投资投机性购房，还在继2011年之后再次提出要求各地公布年度房价控制目标，各地随之出台的细则和房价调控目标——保持房价稳定或房价增长低于收入增长水平，这样的含糊其词，似乎也预示了2013年房价的走势。

新国五条规定：第一条，严格落实地方政府房地产市场调控和住房保障职责。各地要从严把握和执行房价控制目标，进一步贯彻落实国务院确定的各项调控政策，房价过高的地区要加大调控力度，着力改善供求关系，促进房价合理回归。第二条，完善相关政策措施，加大政府投入和贷款支持力度，确保2013年1000万套保障性住房11月底前全部开工建设。要切实抓好工程质量安全，建立健全公开透明的分配制度和退出机制，确保保障性住房分配公平公正、管理科学有序。第三条，继续严格实施差别化住房信贷、税收政策和住房限购措施，遏制投机投资性购房，合理引导住房需求。已实施住房限购措施的城市要继续严格执行相关政策，房价上涨过快的二线、三线城市也要采取必要的限购措施。第四条，认真落实 2013 年的住房用地供应计划，确保保障性住房用地，加快普通商品住房用地投放。认真执行《国有土地上房屋征收与补偿条例》。第五条，规范住房租赁市场，抑制租金过快上涨。加强市场监测和监管，完善房地产市场信息披露制度。

此后的时间里，各地的房价涨势大增，全国房地产市场的成交也再创新高。根据国家统计局的数字，2013 年全国房地产开发投资 86013 亿元，比 2012 年增长 19.8%；商品房销售面积 130551 万平方米，比 2012 年增长 17.3%；商品房销售额 81428 亿元，同比增长 26.3%，投资和销售数据均创造了历史新高。不过，在总结 2013 年的房价时，政府部门及房地产分析专家们比较常用的总结是，“去年城市的房价分化趋势明显，一线城市房价上涨较快，二线、三线城市总体上涨平稳，个别三线、四线城市出现了下跌”。房价的真相是这样吗？一线城市领涨明显。京沪进入 3 万元时代，根据相关部门发布的中国城市住房价格指数，以 2013 年 12 月的数据与 1 月相比，全国房价格指数全年上涨 8.89%；北上广深一线城市中，上海 2013 年房价格指数居首，年内涨幅达 21.41%，北广深年内的指数涨幅分别为 18.37%、18.23% 和 11.41%。如果同比 2012 年 12 月的房价数据，上海和北京的房价指数同比涨幅则分别达到了 24.08% 和 20.50%，广州也高达 19.40%。一线城市房价的惊人涨势，大大高于业内一般认为的“一线城市住宅价格涨幅平均在 15% 左右”的判断。

那么，在房价如此之高的上涨之后，北上广深四大城市的房价究竟怎样呢？以 2013 年 2 月 20 日“新国五条”发布为起点，至 2014 年 2 月 19 日，北京、上海、广州和深圳的房均价分别为：33423 元/平方米、32675 元/平方米、19858 元/平方米和 25872 元/平方米。值得注意的是，京沪无论是新开盘的还是二手房均价，几乎全部进入 3 万元时代。数据还显示，2013 年全国商品房成交均价排名前十的项目也已被京沪两地“垄断”。其中，上海的汤臣一品当仁不让地成为豪宅榜首位，其成交均价超过 16 万元/平方米，其他 9 个项目成交均价分别超过或接近 10 万元/平方米，京沪的房价水平由此可管窥一斑。

伴随着房地产调控政策层出不穷，近十多年来，房价是步步高涨，堪比孙悟空翻筋斗。以北京为例，从 2000 年开始到 2007 年 11 月，房价就像股市牛市中的第一大浪，这期间房价从 3000 多元每平方米一路上涨到 1.5 万多元每平方米，上涨了五倍。从 2008 年的下半年开始房屋均价一路上涨到 2010 年的 2.5 万多元每平方米，就像完成了牛市中的第三浪，虽然第三浪没有第一浪持续的时间长，但与其几乎相等。从 2012 年的上半年开始，北京房价结束调整就像牛市中的第五浪上涨，从 2.5 万多元每平方米的房价开始上涨，一路上涨到 2013 年年终的 4.03 万元每平方米。

截至 2014 年 6 月 28 日，北京房价继续同比上涨，销量稳定，房价下跌仍然只是传说。四环内的房价已经高达每平方米 4 万元到 13 万元不等，四环到六环的价格为 3 万元到 6 万元不等。

北上广深四大城市的房价全部飙升到了惊人的高位。

调控，动真格还是假把式

18 号文件、8·31 大限、6 项政策、老国八条、新国八条、16 项政策、国十条、五项调控政策措施……一项又一项，层出不穷，问题是哪项调控政策真正起到抑制房价上涨的作用了？看看日新月异的房价，相信你会有个明确答案的。

2013 年 12 月 1 日，备受关注的 11 月“中住 288 指数”发布。报告显示，2013 年 11 月，监测反映全国 288 个地级以上城市房价变动趋势的“中住 288 指数”为 1083.3 点，环比上涨 0.77%，这是从 2012 年 8 月开始，全国一手房价格指数已延续 16 个月上涨。一线城市房价几乎都达到了历史高位，房价收入比也大多超过 20∶1。毫无疑问，房价畸形上涨已经给百姓造成了很大压力，远远超过普通百姓的承受范围。那么，究竟是什么原因导致中国房价呈现畸高状态且居高不下呢？总结起来，中国房价上涨有五大因素。

（1）政府对房地产市场的政策扶持。房改以来，中央政府对房地产完全市场化寄予厚望，希望房子也能像其他商品一样通过市场化来满足民众的需求。

房价上涨给政府带来的好处自然不用多说。首先是政绩，中国房价上涨，会促使经济在短期内呈现繁荣景象。其次是房价上涨带来的税收和财政收入也是非常可观的。因此，在收获这么多好处的情况下，政府必然会对房地产业大力扶持。商品房预售、房地产开发及销售期间给予房地产商贷款、个人购房贷款、土地使用金延期支付、给予房地产项目极低的资本金比例等。因此，政府对房地产的扶持是导致中国房价上涨的最重要原因。

（2）银行对房地产市场的资金支持。中国房价上涨的时期，银行不管是给予房地产商还是个人的贷款，都能带来很可观的收益。因此，房贷一直被银行视为优质产品。于是乎，不正当贷款竞争、假按揭、违规放贷等丑行便充斥楼市。所以说，银行的资金支持也是导致中国房价上涨的重要原因。

（3）房地产商追求暴利心态，投机炒作。中国房地产市场的一度繁荣给很多房地产开发商带来了暴利。为了持续获得这种暴利，房地产市场投机炒作一度盛行，个人及机构炒家大肆囤房、提价而沽，炒房团则与开发商联手炒作、控制房源。大名鼎鼎的“温州炒房团”就是个很好的例子。因此，房地产商过分地追求利润，也导致了中国房价的上涨。

（4）部分新闻媒体和专家、学者的错误导向。很多新闻媒体为了博取受众的关注度，大肆刊登房价上涨的相关报道，这些新闻也很容易让本就非理性的百姓受到潜移默化的影响。而且还有很多所谓的专家、学者大肆抛出房价永恒上涨的言论，为房地产商摇旗呐喊，更是误导了百姓，百姓受到误导后便会衍生错误的买房观念，也导致了房价畸形上涨。

（5）国家历次失败的房市“空调”政策。2003 年以来，各级政府多轮调控房价，十年间房价却持续大幅上涨。究其原因，十年间，各类调控措施主要是针对购房者，但单方面抑制需求的调控难以见效。结果，随着房价越调越涨，导致中国房价的持续性上涨。

房价上涨主要是有强大的利益共同体共同作用的结果，利益主体背后有它的利益动机，导致房价上涨成“刚性”，这个利益共同体首先是中央政府本身。其实中央政府也不是真想把房价打压下去，为什么呢？历届政府都把 GDP 增长作为考核政绩的指标，而房地产是一个支柱产业，把房价打压了，GDP 掉下去怎么办呢？中央政府要保增长，就保不了了，过去每年中央政府都有一个指标要求，今年要增长多少，而增长是要靠国民经济的增长，房地产与各行各业相关度那么高，我们说它绑架了整个国民经济，一打压，整个经济就要下滑，GDP 就掉下来了。所以说中央政府调控房价也是投鼠忌器，不是真正要把房价打压下去，我们可以想想，如果中央政府想调控房价，是有办法的。

第二章　房价上涨的刚性是由强大的利益共同体共同作用的结果

自20世纪90年代初，除1993年房地产泡沫破灭之外，房价就没有真正跌过，一直在涨涨涨，尤其是北上广深四大城市的房价全部飙升到了惊人的高位。别提涨到大多数国民一辈子根本买不起房子了，就是再加上几辈子也买不起。可以说，高房价问题已经成为全社会关注的焦点。高房价问题的严重性，不仅关系到千家万户，是民生中最重要的问题，从宏观的角度来看，房价的大起大落，还会把整个国家的经济拉入衰退之中。要防止未来中国经济陷入严重危机，保证国家长治久安，就应该探索出一种根本的机制。

尽管中央政府在二十多年来始终没有停止对房价的调控，可问题的结果是不仅没有把房价调低，反而越调越高。究竟是什么原因造成的？不得不让我们深思。

毋庸置疑，离谱的房价上涨已经给全国的普通百姓造成了很大压力，远远超过他们所能承受的范围。那么，究竟是什么原因导致中国房价呈现畸高状态且居高不下呢？

答案是房价上涨有“刚性”，这个“刚性”是利益共同体共同作用的结果，这是因为与房地产利益相关的主体都希望房价上涨。

第一个利益主体——中央政府

有人认为，房价快速上涨是房地产市场需求过度旺盛的结果。纯粹是一派胡言。大米、白面、蔬菜更是国民生活的必需品，为什么价格没房价涨得这样快涨得这么高？其实，房价上涨的原因主要是由强大的利益共同体共同作用的结果，利益主体背后有其利益动机，于是就导致了上涨的一个“刚性”。那么，这个利益共同体都是什么呢？首先是中央政府本身。其实中央政府也不是真想把房价打压下去的，为什么呢？往届政府一直把 GDP 作为考核政绩的指标。

那么，什么是 GDP？国内生产总值的英文 Gross Domestic Product，简称 GDP，是指在一定时期内（一个季度或一年），一个国家或地区的经济中所生产出的全部最终产品和劳务的价值，被公认为衡量国家经济状况的最佳指标。它不但可以反映一个国家的经济表现，还可以反映一国的国力与财富。GDP 核算有三种方法，即生产法、收入法和支出法，三种方法从不同的角度反映国民经济生产活动成果。生产法是从生产的角度衡量常住单位在核算期内新创造价值的一种方法，即从国民经济各个部门在核算期内生产的总产品价值中，扣除生产过程中投入的中间产品价值，得到增加值。核算公式为：增加值 = 总产出 - 中间投入。收入法是从生产过程创造收入的角度，根据生产要素在生产过程中应得的收入份额反映最终成果的一种核算方法。按照这种核算方法，增加值由劳动者报酬、生产税净额、固定资产折旧和营业盈余四部分相加得到。支出法是从最终使用的角度衡量核算期内产品和服务的最终去向，包括最终消费支出、资本形成总额和货物与服务净出口三个部分。

多年以来，一些官员只要一提到发展，就是简单地认为是经济数量的增长，即 GDP 增长。于是，在很多地方一系列跟经济相关的量化指标，与官员的升迁奖罚紧密结合在了一起。如果一个市长、市委书记在任期内的 GDP 增长率比前任领导每增长一个标准差，市委书记升迁的可能性会提高 4.76%，市长升迁的可能性提高 10%。GDP 靠什么增长？投资交通设施、发展房地产的效果最明显。相反，如果市长和市委书记把投资用于水、空气治理、环保等和环境建设相关的地方，在283个城市中，在这方面平均每多投资一个标准差，市委书记升迁的概率下降8.5%，市长升迁的可能性下降6.3%。虽然一些城市提出了“环境优先”的原则，但是落实很难，原因就是一些政府官员把大量精力用于环境治理，而不是投资建设，“政绩”不彰，升迁也就不畅。

一方面，在这种“面子工程”政绩观引导下，“以经济建设为中心”，在许多地方政府官员中常常变成“以GDP为中心”，把“发展是硬道理”错误地理解为“增长率是硬道理”“GDP增长是硬道理”。GDP被放在了一个至高无上的地位，以为它能解决一切问题，从而对地方官员的考核，也唯GDP是瞻。任何其他指标，例如教育、文化、卫生、环保等，统统都要为GDP让路。这样，GDP获得了政策上、体制上、文化上的全面支持，只要经济增长了，其他一切都好说，“一俊遮百丑”。由此也就有了官员对GDP的顶礼膜拜，制造出许多劳民伤财的政绩工程。另外，在片面追求GDP的过程中，老百姓的利益却常常被官员们有意无意地漠视。

这样做出来的GDP是什么？两个经济学家走在路上，经济学家甲指着一肮脏之物对经济学家乙说：“你把它吃了，我就给你100万元。”乙在重金诱惑之下吃了，再向前走，又见一肮脏之物，乙对甲说：“你把它吃了，我也给你100万元。”甲亦不能抗拒诱惑吃下了脏东西。两人继续前行，忽然想到：“咱俩什么也没得到！”再一转念恍然大悟：“咱们为GDP创造了200万元。”这就是政府官员们做出来的GDP。

GDP是要求经济增长，而房地产是一个支柱产业，把房价打压了，GDP掉下去怎么办呢？素有“地产大嘴”之称的华远集团董事长任志强表示：“房地产打下去GDP就掉下去了，GDP掉下去，温总理比我们开发商还急。”即使是在政策环境已由宽松逐步收紧、中央亦开始使用“遏制”二字对房地产表态的情况下，任志强仍然强调，“我从来不认为政府要打压房地产。我最多认为政府是要打压部分房价过快增长城市的房价”。他认为，对此的正确理解应该是抑制投资，而并不是打压。

因为房地产与GDP的增长有着千丝万缕的联系，也给许多业内人士对政府仍然继续保护房地产业充满期待。事实上，在2009年的宽松政策下，房价的全面上涨已给开发商带来了史无前例的充裕资金。相关数据显示，在经历了2009年房屋销量大幅上升和适度宽松的货币政策后，房地产开发企业资金充裕，2008年全年资金来源共计约5.7万亿元，比2007年增长44.2%。其中，国内贷款11293亿元，增长48.5%；企业自筹资金17906亿元，增长16.9%。2009年房地产开发企业资金来源与房地产开发完成投资的比例达到1.58，该比例为2000年以来的最高水平。任志强坚定地表示：“GDP高涨的时候，没有哪个国家的房价是跌的，而且也看不到在GDP高涨的过程中，哪个国家会把房地产打下去。”

因此，如果中央政府把房价打压下去了，GDP也就跟着掉下去了，中央政府要保增长，就保不了了。过去每年中央政府都有一个指标要求，今年要增长多少，而增长是要靠国民经济的增长，房地产与各行各业相关度那么高，我们说它绑架了整个国民经济，一打压，整个经济就要下滑，GDP就掉下来了，所以说中央政府调控房价也是投鼠忌器，不是真正要把房价打压下去。

我们再来看看保增长是怎样保出房价上涨来的。

中国经济GDP要高速增长，靠什么？从经济学上讲，要靠“三驾马车”的拉动——投资、出口和消费。

先来看投资，我们国家长期以来实行的是投资拉动型的经济增长方式，而投资是怎么增加的呢？通过采取积极的财政货币政策。什么叫积极的财政货币政策？就是我们经常听到的降低银行利率和存款准备金率，银行利率是指商业银行的存贷款利率，利率降低了，存款就会减少，贷款就会增加，减少的存款和增加的贷款就会转化为投资，而且往往是固

定资产投资，流入房地产行业。因为银行的贷款是要抵押的，固定资产才能抵押，房地产是天生的固定资产，所以贷款就主要转化为房地产投资从而刺激了房地产行业的发展，推动了房价上涨。那么商业银行要增加贷款减少存款，钱是从哪来的呢？通过降低商业银行在中央银行的存款准备金的比例（存准率）从中央银行释放出来的，商业银行存在中央银行的存款准备金的比例少了，可用于贷款的钱就多了。那么中央银行的钱又是从哪来的呢？难道它是一架印钞机？你说对了，中央银行的钱就是从印钞厂里印出来的，每当中央政府要加大投资力度而钱又不够多的时候，就会开动印钞机狂印钞票，4 万亿元投资就是这来的。说白了，积极的货币政策就是多印钞票，而积极的财政政策则是中央政府自己来花钱投资，企业不投政府自己投资来推动国民经济发展还不行？或者企业也投政府也投，这就叫完整意义上的积极的财政货币政策。4 万亿元投资即流入了房地产，推动了房价上涨。这都是 2009 年中央政府采取积极的财政货币政策的结果。货币发多了，自然要导致通货膨胀，引起房价上涨。

再来看出口，我们国家长期以来实行的另一项政策是出口导向型经济增长方式，通过出口创汇、贸易顺差，赚回来的外汇被中央政府收走进了外管局，当然不能白收走，中央政府拿来兑换的是人民币，这人民币又是从印钞厂里印出来的，所以出口创汇越多，印钞厂里印出来流入市场的人民币就越多，从而通货膨胀加剧，房价上涨得越快。

接着来看国际热钱的涌入，一方面，国际热钱涌入中国也要兑换成人民币，这又会增加人民币的投放，加剧通货膨胀和房价上涨；而另一方面，这些国际热钱兑换成人民币之后又进入了楼市或股市，从而炒高房价或股价，再抛空获利。当国际热钱在楼市或股市赚得盘满钵满之后，就又要兑换成外汇出逃了，当此之时，人民币又升值了，外资从汇率上又再赚了一笔。比如进来的时候 1 美元兑换 8 元人民币，出去的时候只需6元人民币就可以兑换1美元，从汇率上又赚了2元人民币。

中央政府要促增长就要加大投资力度，鼓励出口，引进外资，从而增加货币投放，导致通货膨胀和房价上涨。

第二个利益主体——地方政府

地方政府是什么呢？地方和中央都是国家的，都要有财政收入，国家是财政部，地方是财政局。这个收入在20世纪90年代朱镕基当总理时有一个改革，把地方政府的财政收回了，地方政府的财政收入没有了怎么办呢？朱镕基给地方政府一个办法，准许他们卖地，把地卖了的钱就归地方政府，其他的税要交给国家，国税就是这样来的。中央财政主要是靠这个税收，地方政府就靠卖地。

现在中央政府是按照GDP指标考查地方政府的政绩。地方政府如果想提高自己辖区的GDP，需要大量资金。在现行体制下，地方政府只有通过转让土地才能筹集大量资金。要想高价拍卖土地，则房价必须高，因此地方政府有很强的推高房价的动力。

只要GDP增长了，不管你是使用了怎样的手段，地方政府官员就升迁有望；如果地方政府官员错把重点放在民生或者环境治理方面，则其升迁机会会大打折扣。其实，地方政府官员升迁不仅仅是地方政府的事，很多是中央政府的事，中央政府怎么可能总是与自己的愿望相违背呢？你自己制定的政策，却反其道而行之，这到底是怎么回事？看来以经济增长为主要标准的政绩观在中国当下的政治社会发展阶段有其存在的合理性，要不然不会有如此旺盛的生命力。

在“以GDP论英雄”的条框中，地方政府和中央政府的关系其实是最现实的。在中国目前的政治体制下，地方政府对于中央政府必须绝对服从，而中央政府如何对地方政府的业绩进行考核呢？在目前的体制之下，唯有GDP是最简单、便捷、有效的，行政成本最低，而且负面效应其实也是最少的。

这与目前弊端重重的高考制度何其相似！这个制度把分数作为高中学生进入高等学校并且接受高等教育的唯一尺度，并成为今后其从业和晋升的最重要的前提。这导致了整个中国教育体制在高考的指挥棒下发展，没有了对学生全面发展的教育基础和环境，即使是在文化课教学方面，应试教育也是最主要的教育内容，学生的创造力和主动性被湮没，这实际上威胁了整个中国经济的发展。问题是，除了应试教育还能有什么标准选拔学生呢？在中国目前的体制之下，分数也是最简单便捷和有效的选择工具，如果还要考虑到全面发展，比如道德素养和其他综合素质，由于这些要素指标很难量化，尺度模糊，随意性强，为当权者留下了大量寻租空间，这将导致人才选拔方面的彻底失控。这从“文革”当中的所谓“又红又专”就能得到证明，东汉时期实行的“九品中正制”更是留下了很多怀才不遇的喟叹，最终从隋朝开始实行到唐朝武则天时期发扬光大的科举制才解决了中国的阶层固化问题，贫寒子弟才能通过读书而进入治国人才队伍，从而保持中国封建社会能够长期稳定。

中央政府和地方政府的关系是一个互为鱼利的关系，从某种意义上说，就是中央政府和地方政府不断博弈的历史。由于我们的老祖先在政治智慧方面发展迟缓，这个问题到目前仍然没有处理好，而且越来越成为一团乱麻，到了目前已经成为制约中国经济发展的重大障碍。由于中央政府唯有通过政绩考核才能对地方政府具有合法性强而效率高的管理方式，官员晋升的标准更加明确而公正，因此中央政府很难放弃GDP考核，而地方政府在如此的考核制度下，不得不把经济增长作为其升迁的唯一跳板。

现在，地方政府获得政绩的通用手段是把某地段征收为国有土地，然后伙同房地产商卖地，作为抵押去银行贷款，得到的资金搞基础设施，建豪华办公大楼。由于对于地方政府行为基本没有了监督制约，所以腐败空前未有，贪污腐败登峰造极，与此同时，暴力拆迁充满了血腥，城管暴力执法也多见不怪习以为常了。而官员追求的唯一目标只有一项，那就是只要博得上级的欢心，不管下层人生活的前景，只要发展，不论和谐，更把环境保护、可持续发展等抛到脑后，科学发展观最终其实就成了一个口号而已。

当然，不得不提的是，地方政府能有这个权力得益于 1994 年实行分税制改革，此次改革把财政收入大权集中到了中央政府手里，实行更加彻底的中央集权制，先将大部分财政收入收归中央，然后通过转移支付的方式将这些收入下拨地方。中央政府手里有了资金拨付权，地方政府只有唯命是从，但是这就出现了“跑部钱进”的盛况，一些把持财政收入的部门寻租空间很大，也就有了省市级领导都要跪拜财政部或者发改委一个小小处级干部的情景。

地方政府失去了财政收入，但也不能白白坐在那里等死呀！于是他们找到卖地这一相当可观的收入来源，一旦地方政府瞄上了土地，则一发不可收拾，于是房价开始飞涨，因为房价是土地市场价格的基础，如果房价不上涨，土地就卖不出去。这导致了恶劣后果，地方政府在房地产调控上总是半真半假，大多数时候就是做做样子，这是国五条被虚置的最主要的原因，也是房地产泡沫膨胀的原因之一。

不可否认的是，地方政府在土地的供应管理上有着极大的操控权力，主管土地的地方官员也会利用手中的权力去获取利益，土地转让和房地产增值支撑地方政府的“钱袋子”，谁的房价高，谁的土地收入和税收增加就快。地方政府可谓是这个运动中的净收益者，房地产膨胀得越大，地方政府的收益就越大，并且令人难以置信的是成本竟然是零，土地的减少、银行的呆坏账、资源的衰竭几乎都与地方政府无关，都不是由地方政府来承担最终责任。还有此等天大好事，难怪地方政府的官员个个红光满面。还有，地方政府把“高房价”当作政绩，极力鼓动让自己城市的房价涨起来、高起来，GDP 嗖嗖往上蹿。因此，地方政府成为中国房地产上涨的积极推动者。

享受到巨大利益的地方政府也从此胆大妄为起来，不惜动用“上有政策、下有对策”的猫抓老鼠的游戏来应付国家的宏观调控。某些地方政府口头表示要多建经济适用房，背地里却大拆大建，盲目发展高档商品房；有些地方政府明着规范房市，暗着却纵容炒作；还有些地方动辄用“均价不高”的所谓统计数字来掩盖实际已经“虚高”的房价。据国土资源部执法监察局局长介绍，1999—2005 年，全国共发现土地违法行为 100 多万件，涉及土地面积 500 多万亩。真可谓是“我的地盘我做主”。严重的土地违法问题几乎都与地方政府有关。

事实上，2013 年上半年，全国主要城市都在尽量卖地。其中北京市上半年土地出让金同比暴增 390%，上海同比增长 277%，杭州更是同比增长 504%。北京、上海、广州三大指标性城市上半年经营性土地出让金高达 1739 亿元，仅比前一年全年的出让金总额少 195 亿元。从更大的范围来看，统计数据显示，2013 年 1 月至 6 月，全国 306 个城市的土地出让金高达 11305 亿元，较去年同期暴增了 60%。

土地是地方政府所独有的巨大经济来源，其权威性及买卖过程中的公平公正应得到地方政府的重视，但是，事实是地方政府在提高 GDP 过程中越来越依赖于“土地财政”的支撑。据财政部公布的数据显示，2013 年一季度房地产交易带动地方财政收入增速明显，收入达到 17428 亿元，同比增长 13.7%，但同期的中央财政收入 14606 亿元，同比则下降 0.2%。归地方所有的税种中，营业税为 4596 亿元，同比增加 561 亿元，增长14%；土地增值税822亿元，同比增长34.7%；契税917亿元，同比增长38.3%；城镇土地使用税404亿元，同比增长7.5%；耕地占用税432亿元，同比增长7.9%。究其原因，是房地产市场成交额增加带动房地产营业税相应增加。尽管有人并不认同“政府和银行从房地产销售收入中拿走75%”的说法，但土地出让金及税费占房地产销售收入60%是有充分依据的。因此，地方政府是高房价的最大受益者。

2013年上半年，全国306个城市共交易土地15493宗，土地出让金达1.13万亿元，同比大幅增长60%。其中北上广三大城市经营性土地出让金已超1739亿元，接近2012年全年1934.92亿元的水平。而杭州市余杭区上半年卖地收入达134.63亿元，比2012年同期增长逾27倍。

与中央收入相比，地方政府的收入更加可观，其中最主要来源就是卖地所得。卖地收入成为各地政府最现实、最快捷财源。2013年上半年成交的15493宗土地中，平均溢价率为14.8%，而2012年上半年平均溢价率仅5.1%。前5月北京土地市场挂牌成交地块的平均溢价率为54.52%，其中30宗住宅地块平均溢价率为39.1%。分区域来看，由于一线城市楼市供需矛盾突出，加上年初政府推地积极性较高，上半年土地交易地块共514宗，出让金高达1829亿元，比去年同期上涨315%。

2013年上半年，出卖土地收入前十名地方政府的收入高达4618亿元，比2012年同期的1754亿元增长近263%。其中上海土地出让金收入最高，达769亿元，其次是北京的664亿元。但就同比涨幅来看，京沪还不是最大的，杭州同比涨幅最大，为410%，广州以368%的同比涨幅位居第二。据广州市国土局网站显示，2013年上半年广州通过招拍挂方式挂牌出让地块共82宗，最终有71宗成功交易，同比上涨73.17%。上半年土地出让金收入超过330亿元，已超过2012年全年，土地出让面积达453万平方米。

2013年，各地方政府都在极力出让土地，土地再次成为地方政府提

高 GDP 的主要手段。据统计，1—6 月全国一线、二线、三线、四线城市分别累计推地 13.4 亿平方米、0.49 亿平方米、5.28 亿平方米和 7.61 亿平方米，同比分别增长 22.5%、84.9%、19.6% 和 21.9%。上半年全部统计城市累计推出住宅用地 6.31 亿平方米，同比增长 25.1%。7 月 8 日，广州市国土局成功出让 4 宗土地，成为单日成交土地宗数最多的一天，成交面积总共 79140 平方米，金额达 12.95 亿元。其中荔湾区珠江隧道口以西地块楼面价高达 19638 元/平方米，成为年度全市单价第三、全区单价地王。

据统计数据显示，2014 年上半年一线城市土地市场交易活跃，共成交土地 321 宗；成交面积 1518 万平方米，同比减少 31%；楼面均价同比上涨 102%，平均溢价率同比上升 5 个百分点。在一线城市中，上半年北京土地出让金达 1115.2 亿元，大幅领先其他城市。深圳因多宗商业用地高价成交，上半年土地出让金同比大幅增加 924%。

中央政府对房价进行长达十多年的调控，最终“无功而返”，局外人认为是由于目标与手段严重不匹配造成的，最根本的原因则在于既有政绩考核体系约束下地方政府对“土地财政”的严重依赖。如此一来，地方政府当然希望地价高了，地价高房价能低吗？地价低房价能高吗？所以地方政府也不是真正要把房价打压下来，也是希望房价是涨的，因为房价跌地皮就要跌，财政收入就要下跌。

第三个利益主体——银行

开发商主要是靠银行贷款买地建房子，建起来的房子卖给消费者大部分又是按揭贷款，意思是说，银行把钱贷给房地产商，房地产商把房子建起来交给银行作抵押，银行又把款贷给购房者，房地产商把钱收到了，把房子给你，你就得替他还债。而银行是靠房地产抵押贷的款，这个款要收回来，如果房价下跌，抵押的房子价值低于未还贷款时，购房者还不起或不还钱了，银行只能把房子收回来，房子收回来但房价已经大跌，银行拍卖房子所得收不回贷款，银行就要面临破产。大家都不要房子了，你要收就收去吧，本来是价值100万元的房子，银行收回来后变成50万元了，银行就破产了。所以银行也不希望房价跌，银行也希望房价涨。

银行所处的垄断性地位与地方政府垄断土地，具有异曲同工之妙。“开发商对银行来说是优质客户。”一家国有银行的管理层说。大型开发商只要项目质量高、周期不长，一般都可获批，只是贷款利率上浮多少的问题。通常情况下，房地产开发商的资金，有近1/3来自银行等金融机构。银行、信托公司并非不明白房地产行业的高风险，但是为了追逐利润，“只要不违反法律规定，就会照办不误。”帮助借贷双方继续玩“高风险、高回报”的金钱游戏。

许多银行把资金放在房地产开发上，具体的数字可能超过20%。如果加上对房地产商的贷款和个人房贷，整个房地产市场占用的银行贷款资金比例远远高于这个数字。“房价跌了，银行比我们还着急。”一位房地产公司高管说，“房地产行情看涨之时，甚至会有银行主动上门推贷。”尽管此前银行业曾表示，即便房价下跌50%也能撑得住，但考虑到水泥、建材等贷款，银行作为利益共同体不可能置身事外。有数据显示，2012年房地产业实现销售6.4万亿元，银行房贷利息8400亿元，仅此一项，银行就从房地产业分得1/8的收入。根据英国《银行家》杂志发布的一项调查，全球排名前1000家的银行2013年总利润高达9200亿美元，中国各大银行占比超过三成。2013年中国各大行税前利润共计2920亿美元，占据了全球1000强银行利润总额的32%。中国四大行包揽了前四强，中国工商银

行以550亿美元的利润独占鳌头，稳坐全球资本规模第一银行的交椅，中国建设银行、中国农业银行和中国银行分别占据后三个席位。

众所周知，房地产开发是需要大量资金投入，如果银行能停止给这些房地产商贷款，断绝其资金链，房地产开发商一旦失去坚强的经济后盾，那么，什么“地王”“捂盘”“惜售”，就不可能存在，当然，房地产开发商根本也就不敢如此放肆、嚣张，卖房就像卖白菜一样一天一个价。

事实上，房地产开发商从事的不过是一些“空手套白狼”的勾当，他们从银行得到贷款后，视同“自有资金”，而银行则将房地产开发商看作是“优质大客户”，并投其所好，银行不仅直接向房地产开发商大规模放贷，而且还替房地产开发商向老百姓大肆兜售按揭购房新时尚。也就是说，一方面，在造房过程中，银行对房地产开发商所需资金实行“统包”——要多少给多少；另一方面，在售房过程中，银行则又对无力购房者实行“统包”——怂恿全民按揭，进而替房地产开发商“一步到位”地收回卖房款，当然，也就等于一次性收回了房地产开发商贷款的本息。

这是银行与房地产开发商的合作，但它却将购房者的终身收入牢牢锁定在按揭合同上，管它是20年按揭，还是30年按揭，说不定那时的银行早已更换了好几任行长，甚至可能20年后这家银行早已重组易主，或面目全非，或是倒闭了，总之，父债子偿是中国人的美德，不必担心账面上的债务人跑掉，上一代偿还不了，下一代继续再接再厉。这就是房地产开发商的“空手道”游戏，这就是银行按揭的“潜规则”！当然，如果银行与房地产开发商要想“里应外合”“有福共享”，那么，它们还必须以“低利率”政策环境作为诱导。

2008年9月，美国华尔街投行与房贷机构联合导演的“次贷危机”爆发了，一步步成为世界性金融危机，华尔街的各大投行自食其果，纷纷倒下，信用危机直接危及到百年老字号的一批大银行。面对此情此景，中国推出了4万亿元的中央投资计划“反危机”，与此同时，存贷款利率及存款准备金比率一降再降，2009年银行更是释放出了高达近10万亿元的新增贷款，然而，这还远远不够，为了保住房地产业的“支柱地位”并驱动GDP复苏，当然，更是为了保住房地产开发商与银行之间共通的、脆弱的资金链不断裂，国家不得不再次大刀阔斧地推出房市刺激政策（救房市）：不但新房购买可以“首付两成”按揭，而且购房按揭利率可以享受7折优惠，同时，鼓励二手房交易，对二手房交易发生的税费减半征收。

房地产商们得到这样低利率政策、这样重大利好，房价怎么会不暴涨呢？然而，尽管在2009年年初，京城一些“对高房价宣战”的学者们立刻做出了自信而果断的预测：2009年下半年全国房价将要下跌50%！为此，人们开始耐心地等待着房价下跌，结果，还是竹篮子打水一场空。两三个月之后，也就是2009年5月前后，全国房市悄悄发动“游击战”，人气逐渐聚集高涨，大约六七月间，房市突然再次群情振奋，房价开始一路飙升，成交量与日暴增，北京、上海、广州、杭州、武汉等大城市“地王”频出，房价一路上涨不停，直到2009年年底，全国房价平均水平再创2007年以来的新高。这一来倒让房价“看跌者”连连丢脸，连呼看不懂！

房价飙升不止，完全得力于银行的鼎力支持。不长的一段时间之内，房地产商们又得到银行530亿元贷款。2009年12月9日，花样年控股集团有限公司与建行签署《战略合作协议》：建行深圳市分行将在未来五年内向花样年意向性授予200亿元人民币的授信额度，用于支持其在房地产开发贷款、商用物业抵押贷款、搭桥贷款、并购贷款等方面的业务合作。此前11月底，光大银行就曾授予花样年20亿元人民币授信额度。11月30日，龙湖地产有限公司宣布其旗下附属控股公司与中国建设银行股份有限公司签订人民币180亿元银行贷款授信协议。双方在房地产开发贷款、银行保证业务、银行承兑汇票、承销发行短期融资券、中期票据、企业债、银团贷款等各种融资及服务领域广泛合作。12月6日，北京金隅集团与交通银行北京市分行签署合作协议，金隅集团将获得交通银行150亿元的意向性贷款授信额度，用于南城经济适用房开发建设。

据不完全统计，截至2009年岁末，已有近二十家房地产商与银行签署了授信协议，授信总额接近4000亿元。这一数字几乎与60余家中国房企的直接融资额相当。但这样的授信额和银行为房地产商们提供的资金比起来还是小巫见大巫。数据显示，2009年前10个月，房地产企业从银行获得的开发贷款为9119亿元，同比增长53.0%；个人按揭贷款6163亿元，增长幅度高达119.7%。而在楼市下行的2008年，房企从银行那里获得的开发贷款仅为7257亿元，仅增长3.4%；个人按揭贷款3573亿元，同比下降29.7%。

2010年12月底，全国定基（2006年价格）为126.2，即房价相对于2006年上涨了26.2%。2013年12月底，全国定基（2010年价格）为114.3，即房价相对于2010年上涨了14.3%。2013年12月当月环比上涨0.70%、同比上涨11.51%，综合分析认为，全国处于温和上涨，但北上广深属温和上涨偏于过快过猛，而其他城市整体呈现温和上涨。2014年3月全国环比上涨0.38%、同比上涨10.04%，4月全国环比上涨0.10%、同比上涨9.06%。从4月全国环比、同比数据看，的确明显增幅收窄，开始进入温和上涨与温和下降交织阶段。其中北上广深4月环比分别上涨0.10%、0.30%、0.10%和0.20%。6月18日国家统计局公布了5月全国70个大中城市住宅销售价格变动情况，5月全国同比上涨7.84%。

上市的房地产企业特别被银行看好，比如得到银行大额度授信的那些房地产企业都是在那一年上市的。为什么房地产企业会被银行看好，而其他企业却被冷落？第一，作为银行贷款的最佳抵押品，土地资源一向是银行的最爱，上市公司光环再加上以土地做抵押，在银行家的眼中，这样的企业无疑是最佳贷款客户。第二，上市房企通过拿地，不仅可以增加自己的市值，而且还能提升投资者对其的信心，从而使企业能更大规模、更加快捷地从股市“圈钱”。上市房企得到银行的青睐，从银行获得了更多的贷款和授信额度。房企由此获得更多资金，更加疯狂地买地，由此推高地价和房价。可以肯定的是，银行就是房价疯涨的幕后推手之一。

房价上涨肯定和银行信贷有关，目前银行信贷表面上看适度宽松，实质上是极度宽松。必然有相当一部分流动性资金被注入房地产领域，这有利于经济复苏，促使房地产价格、股价都会相应提高。

第四个利益主体——房地产商

提起中国的房子，就不能不让人想到政府、银行、房地产开发商的三角恋爱是如何谈成的。政府，按照宪法上的说法，是给老百姓办实事儿的。银行，用通俗的话讲，就是为各种客户提供优质金融服务的地方。而开发商是干什么的呢？不用说大家也都明白，就是一群唱着走进新时代、空手套白狼的人。

政府执政有清廉与腐败之分，银行服务有优质低劣之分，那房地产开发商们又怎么分呢？如果要让一般的老百姓来评价开发商，人们最可能选择的形容词会是什么呢？人民群众对此是早有归纳和定论：如果要用一个字来形容的话，那就是“黑”；用两个字来概括，那就是“暴

利”；用三个字归纳，那就是“掠夺者”；用四个字总结，那就是“人民公敌”。说得多好啊！“针针见血、箭箭中靶、枪枪十环”。都说群众的眼睛是雪亮的，没错！历来如此。

在没实行住房改革前，我们国家搞的是福利分房政策。就像小时候玩儿的游戏——排排坐，分果果。自上而下，论资排辈，有点儿封建时代“论功行赏”的味道。虽然僧多粥少，房少人多，论得年头久了，兴许也能在退休前赶上个分房末班车。尽管是每月交租金的房子，好歹也能住人。那时盖的房子也挺结实、漂亮，而且是在没有什么开发商的条件下，由建筑公司的工人们盖成的。

可以说，开发商就是一群空手套白狼的人，何以言之？现今的中国的房地产开发商是一个具有中国特色的，以土地、资金、房屋建设活动、成品房屋等为倒卖对象的，迄今为止中国最大的倒卖商、皮包商和中间商，是一种没有任何社会价值的企业模式。而事实正是如此。

根据汉语的定义，房地产开发是一种具体的生产活动，世界其他国家对房地产开发商的定位均与此相符。如美国所谓的开发商，是集规划、建筑等多功能为一体的企业。如果住房有什么问题，他们会永远为你负责。而我们国家呢？恰恰相反，绝大部分开发商只是在进行着商业利益上的投机活动。看生产流程，房地产项目的规划设计由设计单位负责，工程建设由施工企业完成；论资金来源，许多开发商的自有资金寥寥无几，主要通过让建筑企业垫资、预售房款、假按揭等方式，空手套白狼获取资金。有人说，我国开发商自有资金所占比例之少真乃世界罕见，此话当不为过。这里面自然少不了银行对开发商的支持和帮助，下文还要提到。由此可知，正因为开发商把整个建房生产过程中的所有风险，都转嫁给了建筑企业、购房者和银行，而它们自己由于投入的资金非常少，因此所承担的风险也是最小的。故而可以用最好的心态，通过各种方式去哄抬房价，追逐暴利。而一旦有个风吹草动，随时可携带榨取的

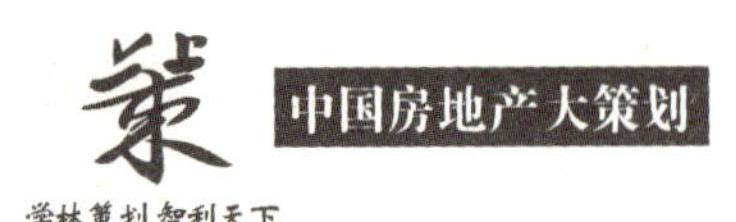

民众血汗钱逃之夭夭。这就是横亘在建筑企业和民众之间的一个不伦不类、完全多余的所谓开发商的真实面目，它们就好比是一群吸附在“房产暴利”上贪婪无耻的寄生虫。取消开发商，即使在地价等因素不变的情况下，房价也能下降近半。因为房地产领域中，90%的利润都被开发商掠夺走了。这也是它们迄今为止，都不敢公开自己的房价成本到底是多少的最主要原因。

为什么开发商还能在今天中国的房地产市场上张牙舞爪、耀武扬威？道理很简单，单一的房地产开发模式和供应渠道，成了这伙空手套白狼的人攫取暴利最有效、最可靠的保障。而我们政府部门制定的相关政策，则是开发商大发不义之财的利器和靠山。

某机构在对国内一些房地产开发商的调查中，许多开发商认为房价肯定会涨，也有许多房地产开发商认为肯定会暴涨。也就是说，这些受访的房地产开发商中都认为房价将涨，占比高达96.7%。大部分房企预期未来房价将继续上涨，必将左右其未来经营开发行为，必将对未来房地产市场带来不可忽视的影响。

说到底，房地产开发商是卖房子的，做这个生意的会希望房价跌吗？卖茶叶的希望茶叶跌吗？

比如，任志强在深圳举办的“中国企业家论坛”上力挺深圳高房价，并表示城市的竞争力越强，房价就会越高，如果城市没有竞争力，房价就跌了。任志强认为，深圳的户籍人口才200多万，如果将深圳全部的房产数量除以户籍人口数，一个家庭平均有4~6套房子。“真正的深圳人有几个没有房子的？认为房价高没有房子的都是外来人口，为什么外来人拼命到深圳来买高价房子？就是因为深圳有吸引力。”他认为，国际上凡是最有竞争力的城市，都是房价最贵的，房价不贵就没有竞争力！一个城市的高房价必定是有支撑的，高房价的城市具备除了房价之外的其他吸引力，包括高工资和工作机会等。房价不高就没有竞争力。

任志强认为，高房价是一个城市竞争力的直接体现。他说，最近刚刚公布了亚洲地区最有竞争力城市的评比结果，看过那个排名表之后，发现凡是最有竞争力的城市都是房价最贵的。他认为，不管怎么说，一定是有某种原因才能吸引大量的人来到一个房价高的城市生活和工作。一个城市的竞争力越来越强，房价就越高，如果城市没有竞争力，这个房子就跌了，大西北的房子6元钱一平方米，你会去买吗？

任志强表示，他不认为中国人为房子把钱都花光了。在国内，居民可支付性的指数已经远远高于美国、英国和所有的发达国家，与这些国家相比，中国的房子根本不贵。任志强先分析了一组数字，他说，在全国所有住房中，真正的商品房只占到了极小的比例，绝大多数都是房改房和公有住房等。国内居民在房子上花掉多少钱，还剩多少钱可以支付，这个在国内叫做住房可支付指数。从二季度国内的住房可支付指数看，这一数字与国际上相比相差并不多，而且我们的可支付指数已经远远高于美国、英国和所有的发达国家，所以他认为“我们的房子还不算贵”。

在义乌城市地标与金融商务区发展高峰论坛上，任志强再次表示“老百姓完全有能力消费200万元以上的房子，”他说，“以北京为例，每平方米1.8万元到4万元的房价已经成为主导。”说到2014年房价，他的看法是，“今年总体平稳、价格稳中有升。”

作为一家房地产开发商，想让房价暴涨的心情，我们都可以理解，但不能这样。老百姓完全有能力消费200万元的房子，所以就要把房价一再推高？现在有几个普通百姓买房，家里能拿得出这么多钱的？如果没有银行的贷款，中国老百姓能买200万元的房子？所谓消费得起200万元的房子，那是一家三代甚至是两家三代的积蓄，外加二三十年的房奴还贷。

房子是一个温暖的家、一个温馨的港湾，不是奢侈品，开发商想推高房价，其实是在绑架国民经济，是在破坏国家的前途未来。因为民众挣钱消费的能力是有一定限度的，如果毕生的能力还不能买上一套房子，他们还有什么钱来实现自己的梦想？每天睁眼就得为还贷而努力，还有时间和心情去做自己感兴趣的事吗？房贷大山压在背上，还能让良知和气节占主动地位吗？

大家都觉得现在的房价高得离谱，可就是没有想想房价暴涨的根源是共同利益作用下的结果，物价越来越高，特别是房价高得离谱，而国民收入却很难增长，守法经营和诚实打工，得到的不是肯定鼓励，而是被无情地鄙视，干什么都没钱，连买个自己的小窝都买不起。而那些房地产开发商还在大言不惭地代表人民，说老百姓有能力消费200万元的房子。

北京某房地产研究中心认为：25年后北京普通房价就是80万元每平方米，高的都是千万元每平方米。频频说出这样的话，不是在打击民众的生活信心吗？虽然有压力会有动力之说，但是压力应该在民众能够承受的范围以内才会有效，如果压力大到凭正常的工作难以达到目标时，那必然会走歪门邪道。让人觉得难以理解的是，政府对这类言论性质及后果表现得出奇的宽容，连不点名的评论导向都不做。更让人看不懂的是，在明明我国房地产空置率越来越高鬼城越来越多的情况下，地王却频现。据某媒体不完全统计显示，2013年5月以来，北京、上海、广州和深圳四个一线城市已经诞生了13个地王，这些地王被11家大型房企斥资747.27亿元夺得。

我们都知道，房价成本里地价是占最大比例的，许多人买不上房，地方政府还卖这么高的地价，房地产开发商又不是慈善家，能主动把房价降下来？政府高价卖地，土地财政思路不改；房地产商鼓吹百姓有钱，能支撑高价，这吹起的肥皂泡一旦破裂，造成的经济大衰退谁来负责？

在“2009年金融地产高端论坛”上，无论是万科、恒大等国内著名房地产开发商，还是小型开发商的代表均认为，短期内楼市向好趋势难

以撼动，房价很可能继续升高。“就万科而言，7 月的成交量环比有所下降，但同比去年还是增长的。”万科董事会办公室代表说。他同时认为，7 月成交量的下调有多种原因，既可能有二套房贷等政策方面的影响，也与企业推盘供应量下降等因素有关。“如果成交量仍保持目前的高位，不同项目的销售价格就存在上调的可能性。”该代表分析表示，央行可能的微调政策对楼市作用有限，短期内整个楼市向好的趋势不会改变。据其透露，万科统计观察认为，3 月、4 月以刚性需求为主，占全部销售量的 85% 左右，投资性需求占比在 15% 左右。5 月、6 月起，投资性需求量明显增多，占比已经达到 25% 左右，成为助推市场的动力之一。“具体表现是，目前大户型住宅销量增加，一人购买多套住宅的数量也在增加。”万科代表人士直言，上述占比情形与 2007 年时非常相近。他还进一步表示，如果楼市成交量维持高位，房价自然会维持向上走势。

作为业界很有影响力的万科的判断，代表了参会的保利地产、招商地产、万通地产等老牌房地产企业在内的多数企业的看法。万通地产也表示，虽然下半年商业地产仍存在压力，但就住宅市场而言，仍将高位运行。他还认为，即使是央行收缩信贷，对住宅市场影响也有限。一些小型开发商和专家也持相似看法。“虽然今年楼市的快速反弹让人摸不着头脑，但是预计未来房价下跌的可能性非常小，成交量也不会出现大幅下调。”京投银泰副总裁说。他同时坦言，目前众多地产人鳄疯狂拿地，已经给京投银泰造成很大压力。“如果地块价格高于公司预期，我们肯定不会高价拿的。”

万达集团董事长王健林也认为房价一定是看涨的：核心城市如北京、上海、广州这些城市房价上涨趋势在 15～20 年是不会改变的。不管推行任何措施，可能都难以改变这个趋势。

不管是大房地产商还是小房地产商，他们肯定是希望房价天天涨的，所以任志强、王健林他们才天天说房价要涨。他们说房价要涨，是由其立场决定的，即便等到跌下来的那一天，他们还是说要涨上去的。是呀，他们这么说也没错，从长期趋势看，房价跌下来当然还是要涨上去的，但那是多少年之后，多少企业、家庭破产，国民经济崩溃之后的事，这完全是两个概念。

第五个利益主体——房地产上下游相关企业

房地产的上下游及相关产业包括：建筑业、建材行业、能源行业、家居电气行业、媒体单位、配套服务（物业、房产代理中介等）、公共产业（水、电、气等）等。这些与房地产相关的上下游企业，只有房地产行业前景看好，这些相关企业才能发大财。

自 2003 年以来，国内钢材市场像六七月的太阳，快速升温，价格也迅速攀升，钢材的平均价格与 2002 年同期相比增长 30% ~40% （12 月的平均价格比上年同期上涨幅度超过 50%），水泥平均价格上涨 10% 左右。进入 2004 年后，两种材料价格继续攀升，2 月的各种钢材平均涨幅与 2002 年年底相比超过 15%，与 2003 年同期相比超过 30%，增长幅度位居工业品出厂价格上涨的前列。水泥价格也持续上涨，平均每吨涨幅在 10 元左右，华东等经济发展较快地区平均上涨超过 40 元/吨左右，江浙地区最高价格超过了 500 元，创十年价格之最。

房价持续上涨是导致建材价格上涨的主要原因。为刺激国内经济低迷的环境，我国一直坚持扩大内需的方针，实施积极的财政政策和稳健的货币政策，固定资产投资增速逐年上升，2003 年全社会固定资产投资比上年增长 26.7%，2004 年前两个月全国城镇固定资产投资同比增长

53%；2004年前两个月全国建设与改造新开工项目7816个，投资同比增长105.6%；高速增长的投资规模将对钢材、水泥等建筑用材保持旺盛的需求。2003年钢材市场消费需求增长了24.6%，水泥市场消费需求增长了21.5%。

从钢材的供给市场看，2003年钢材市场供给能力增长了24.8%，虽然略微超过消费需求，但受房价上涨的影响，价格不断上涨。再是因为原材料价格的上涨，如铁矿石依赖进口为主，受中国需求影响，近几年国际铁矿石价格持续走高，2004年2月，价格涨幅为19%，创历史新高。国内炼钢用铁矿石与前一年同期相比上涨34.5%，焦炭2月价格上涨36.9%。煤电油运供求关系紧张的矛盾加剧，给本已紧张的材料供应市场带来更大的压力。由于企业成本逐年加大，钢材出厂价格一直呈上升趋势。

在建筑业需求旺盛的情况下，钢材价格仍然会持续上涨，2004年全年价格较2003年高5%以上。从水泥的供给市场看，2003年是中国水泥史上发展最快的一年，产量增幅达到16.8%，全行业利润总额比上年增长148%，供给能力明显增强。但大规模的基本建设导致需求增长速度大于供给增长幅度，水泥价格将稳中有升。

无论是地板、卫浴还是橱柜、瓷砖，多家经销商都对其经销的产品标价进行了调整。某防盗门专卖店经销商接到厂家通知，要求所有品类产品价格上调25%。无独有偶，另一家实木门总经销也接到了厂家的传真，要求将全线产品售价调高30%。由于陶瓷卫浴等建材在家装中用量大，价格上涨更触动了不少消费者的神经。金意陶瓷砖的各品类产品即按厂家要求涨价10%～20%，市场上其他品牌的瓷砖也有不同程度的涨价。在涨价潮面前，一向走低价路线的建材超市也只能随行就市，某建材超市有关负责人表示，超市各主要品类建材价格上调幅度超过10%，“厂家受成本等因素影响要求涨价，超市作为流通商是决定不了的。”此外，木地板、五金件价格均有不同程度涨价。大自然地板平均涨幅在10%左右，实木地板涨幅最为明显。

2007年以来，钢筋、水泥、板材、线缆、油漆、陶瓷等建材全线涨价，受房价上涨的影响，有着原材料价格上涨、能源紧张、人力成本增加、CPI指数上涨等多重原因。如顶固门厂家发给经销商的通知中称，由于近期生产原材料价格大幅上涨，如国际铁矿石上涨65%，下游钢铁厂价格上涨超过20%，“使得公司采购成本大幅增加。”此外，劳动合同法实施，也使得建材生产企业用人成本大幅提升，再加上工业用电紧张，不少企业自购发电机也使生产成本成倍增加。除了建材全线涨价之外，近期各装修公司报价也上升10%左右。据南城某家装公司负责人介绍，年中施工人员的日薪为80元左右，到年底就已经上升至每天120元左右，“给得少根本就找不到人干活，无奈也只能上调报价。”截至2009年8月，钢材价格连续15周上涨，特别是北京建筑钢材几乎是以每天上调100元的幅度飙升，贵阳、西安市场螺纹钢上调幅度也达到500元/吨。其中涨幅均超过500元/吨的城市有3个；中厚板全面大幅度上涨，仅广州、乌鲁木齐市场价格上涨幅度低于50元/吨。

近几年，受房地产价格迅速攀升和原材料、人工费等价格上涨等因素影响，2009年建材价格大幅上涨，以水泥为例，每吨价格达到220～230元，平均每吨比过去上涨最高达到60～70元。实木地板价格上涨主要受原材料价格持续走高的影响，尤其是高端品种的印茄、柚木、番龙眼等实木每平方米平均上涨50元左右。对于涨价原因，众品牌负责人称，原材料、物流和人工成本的攀升，仍旧是迫使此次建材产品涨价的推手。实际上，建材售价被原材料和人工成本左右的问题从未有改善，原材料越来越稀缺及工人越来越抢手的现状，导致建材价格多年来只升不降。

如果房价下跌，所有的建材销售商也跟着降价，不管是水泥、钢筋、

板材，还是家具、陶瓷、油漆等也跟着降价，整个一条绳上的蚂蚱就全完了，所以建材销售商也希望房价涨。这就是希望房价上涨的第五大利益主体。

第六个利益主体——已经购房的人

想买房的百姓天天在高喊房价太高，但另一个群体则希望房价越高越好，这个群体就是已经买了房的有房一族。有房群体并不希望房价下跌，反而盼着房价上涨，因为如果房价下跌，那他们的房子就贬值了，而房价上涨，他们的房子就升值。而有房一族显然比无房一族更具实力，无论在经济上，还是在社会地位上，都高于无房一族，并且有房一族还在某种程度上掌握了操控权，至少民间的有钱一族基本都有自己的住房。

在这些有钱一族中，占比例相当高的其实是政府官员，如果房价跌了，这些买房子的政府官员不是赔了吗？这些买很多套房子的人往往是手中握有一定权势的人，这些人是不是我们的意见领袖？真正的平民有几个能发出声音来？我们的媒体是国家的，中央政府的意见、地方政府的意见、银行的意见、房地产商的意见、媒体自己的意见，加上买了房子的政府官员、富翁，他们都在说房价要涨，还说只涨不跌。

一家房地产服务机构的负责人曾口出狂言：“我觉得国内一些城市的房价并不高，比如北京目前的房价很正常，一点都不高。”他认为，北京的房地产市场实际上是面向全国的市场。在北京，我们不能按照北京的人均收入来衡量其房价是否过高。因为北京的房价不应该是由北京人的工资性收入来衡量的，它应该是由全国有钱人的收入来衡量的。目前，想到北京买房的有钱人有成千上百万，这些人的收入水平非常高，如果用这些有钱人的收入水平来衡量北京的房价的话，那么，北京目前的房价一点都不高。再次，如果把北京的房价和同是国际性大都市的香港房价比，北京的房价一点都不高，相反还差很多。

对于中国普通的老百姓来说，谁不盼望房价别这样疯涨，降下来，才可能有钱去买一套房子，但是对于许多明星来说，他们可是希望房价能够飞涨才好！近年来明星们投资中国房地产而获益的人比比皆是。

除了这些投资房地产的明星们不希望房子降价，另外还有一个群体也希望房子涨价，他们就是炒房者。炒房是一个新兴名词，是伴随着房地产业的发展而产生的投资行为。由于政策影响，房市攀升，一些人借机囤积房源，转手获利，这一类的特殊投资行为被称为炒房。炒房本是富人玩的游戏，特别是大量海外资金注入中国房市，对房市和人民币升值进行两面押赌，加速了房市泡沫化的形成。但眼下，无论在北京，还是在上海，越来越多的普通消费者也加入到炒房大军中，其狂热程度就像当年股市的情形。在北京，一边是大量没有房子的家庭，一边是大量拥有两三套甚至五六套房子的居民。

在中国炒房子最先开始的就是温州商人，他们为了追求利益最大化，纷纷投资于房地产，炒房现象也就此展开。温州炒房客第一招即是低价买入、高价抛出。第一招是与开发商交涉，一次性买入一幢到两幢住宅，照此模式，均价 10000 元每平方米的住宅 9000 元即可拿下。然后拆分每户，分别在中介高价挂牌卖出，其中最高挂牌价可达 18000 元每平方米，不少不熟悉市场的购房者就因此而中招。第二招就是低价买入重新装修，然后委托大型策划公司高价卖出。其中最为典型的案例为古北的御翠豪庭，当时温州炒房客买下周边的酒店式公寓，随后进行大规模装修，委托大型策划公司销售，最终该项目的售价可达到御翠豪庭一期的水平。第三招为不断买卖房赚取差价。此招也是温州太太团的成名之作。温州太太团为改善居住生活质量，通过不断的买卖住房，从低级到高级，最终置换成高档次别墅，期间每次倒手即可赚取大量的差价。最终达到资本积聚的效果，但此方法不会对当地房价造成太大的影响。第四招就是公开对抗开发商，降低炒房成本，但是事实证明此招收效甚微。2009 年年末，上海内中环某楼盘开盘，开发商提价一万元，温州客为降低炒房成本，煽动现场购房者离场，可是成效不大，该楼盘最终仍以高出公开价一万元出售，且不乏买家。

炒房人除去温州炒房客外，就是山西煤老板了，这些人手里握着大量资金，并且他们涉足楼市已有一段历史，投资房地产没有做实业时在人员、安全等方面的负担，并且保值升值空间巨大，是一个资金密集型的行业。此前，山西煤老板曾以一掷千金而闻名于房地产界，尤其是在北京、上海等城市。据报道，京城地产巨头潘石屹就与一批山西煤老板建立了“深厚感情”，北京建外 SOHO、三里屯 SOHO 等项目中，有一大半就是被他们买走的。而据记者了解，山西煤老板在捧场潘石屹的同时，也尝到了不菲的升值甜头。

有以上强大的六大利益主体共同在发生作用，导致了房价上涨的“刚性”，房价降不下来的根源在这里。

第三章　房地产暴利的秘密鲜为人知

2011 年《福布斯》中国富豪排行榜，在前 30 位的富豪榜单中，有 15 位主要产业涉及了房地产业务，占据半壁江山。其中，财富总额达到 421.9 亿元人民币的新希望集团刘永好家族，位列榜单第四位。而恒大集团许家印和龙湖地产吴亚军夫妇分别以 396.4 亿元人民币和 377.2 亿元人民币分列第六位和第七位。

2012 年《福布斯》中国富豪榜单，大连万达集团董事长王健林以财富值一年增长 248.3 亿元的速度，成中国大陆财富值增长最快之人，且王健林以总财富值 504 亿元，位列 2012 年福布斯中国富豪榜第 3 名。

另根据福布斯中国富豪榜，总财富值前十名中，有一半来自地产界。除王健林以外，还有其他 4 位地产界人士位列其中。包括北京龙湖地产吴亚军夫妇，以财富值 390.6 亿元排名第 5；广东恒大集团许家印，以财富值 308.7 亿元排名第 8；广东碧桂园杨惠妍，以财富值 277.2 亿元排名第 9；香港世茂集团许荣茂，以财富值 252 亿元排名第 10。其中，许荣茂是唯一一位同时进入 2012 财富增长最快前十与 2012 财富榜前十的人。而 2012 福布斯中国富豪榜前十中，除王亚军夫妇外杨惠妍是其中唯一女性。

2013 年《福布斯》中国富豪榜中，地产行业依然是富豪的聚居地，大连万达集团董事长王健林凭借 860 亿元人民币的净资产首次登上榜首，较前一年的 488 亿元人民币大幅提升。而杨惠妍家族以 439.2 亿元人民币荣登地产行业第二，且杨惠妍也是中国富豪榜中的女首富。陈丽华家族以366亿元的资产位居第三。地产行业前十名中有四名是女性企业家。

为什么那么多房地产商都上了福布斯排行榜？大家都知道这是暴利的结果，但暴利的秘密是什么？鲜为人知。国家试图通过各种途径把房地产的暴利给压下来，其实之中的暴利是怎么来的呢？

秘密之一——房地产商的房子卖的是零售价

众所周知，我们日常生活中所购买的商品分为出厂价、批发价、零售价，一件商品从工厂生产出来，经过储存、运输、再储存、再运输、进店、销售，然后才能到我们手中，我们所购买的就是零售价，这个价格和出厂价相差很大。

那么什么是出厂价、批发价、零售价呢？出厂价就是一种产品或商品从加工厂加工完之后，根据生产成本（含原材料、人工、税务、水电、设备折旧、管理费用等）加上工厂利润后形成的价格。只含产品的成本再加上合理的应得的利润，不含到市场的任何运费，不存在中间流通环节，所以此价格相对市场售价较低。批发价有两种，一种是产地批发价格，另一种是销地批发价格。产地批发价格，是指产地批发企业或零售企业大批量销售商品的价格。销地批发价格，是指销地批发企业向零售企业成批销售工业品的价格。零售价就是相对批发这个概念来说的，代理商或者销售商和生产厂商协商、签约、履行法律程序后，产品和服务享有特权，那么代理商或者销售商所持有的产品和服务在和消费者交易的过程中，代理商或者销售商要谋取一定的利润，这利润涵盖代理商或者销售商在产品销售的过程中所支付的“成本费用”和劳动，那么这个产品在出厂的价格上提高一部分，调整的空间就是代理商或者销售商获得利润。这种卖给最终消费者把成本和销售利润算在一起的价格就是“零售价”。

比如我们在商店购买一把剪刀，它的价格是 4 元钱，而这把剪刀的出厂价只有 0.8 元，它的产地批发价格就到了 1.4 元，当它到了批发市场的价格大约是 2 元钱，进了商店的价格大约是 3 元钱，所以这把剪刀最终零售价是 4 元钱。

这就是说，企业卖东西都不是卖零售价，除非企业开了个商店。比如药品生产企业，大家都认为药价太高，但大家不知道的是，药品从生产厂家一出来的价格是一折，100 元钱的药卖的是 10 元钱，到了医院才卖 100 元。而从药厂到医院之间有很多环节，药品批发商、代理商，到医院到药店，层层都要赚钱的，100 元有这么多人在分，脑白金从厂家出来到商场、超市卖零售价，它是成本价的 10 倍，但它有 10 个人在分，每个人平均也就 1/10。

时下飞涨的房价能让人看得目瞪口呆，第一期的房子还在建设中，交房还远远无期的时候，后一期的房子就以高出一期几千元的价格闪亮登场了，如果第一期或者是所谓的开盘价不会赔本赚吆喝的话，那么在后期的销售中高出的几千元每平方米的价差，不是超额利润又是什么？一家地产公司从农民手里征收 3000 多亩地，一亩地补偿 7000 多元，这家地产公司拿到地以后，以每亩 4 万多元卖给土地储备中心，土地储备中心转手将该 3000 多亩地以每亩 10 万元左右卖给开发商，该开发商开发楼盘，一平方米卖 6000 元以上，折合每亩 400 万元左右。这块土地转让过程农民获得收益 2000 多万元，地产商获得收益 1 亿多元，土地储备中心获得收益 2 亿元左右，开发商获得收益 100 多亿元。开发商拿到大量廉价土地后，然后再在周边高调拿一小块地，造就地王，拉高房价，然后内部认购卖给炒楼者或者从银行套现，炒楼者再制造舆论继续推高房价，最后到实际购房者手里，购房者变成房奴成了猪，猪就成为任人宰割的了。房地产市场暴利就是这么制造出来的。

而房地产大佬任志强并没有看到上述问题，还在其微博里宣称：导致房价上涨的原因是多方面的，并总结出十条房价上涨的证据，一是中国的人口数量与结构决定着住房高增长的需求，二是中国的城市化需求，三是土地资源的稀缺性，四是城市基础设施和公共服务提升，五是价格的提升也是一种货币现象，六是成本因素的变化，七是不动产的多重功能作用，八是中国的传统文化，九是精神上的一种追求，十是不可忽略的收入增长。

什么“住房增长的需求、土地资源的稀缺、中国人的传统文化、精神上的一种追求”，就是让人举着如此牌子喊：“卖肾买房”？就是让一个 90 多岁的娘拆迁后没房住？就是让人得到 14 万元拆迁款，去买 6000 多元一平方米的房子？

目前的房地产是中国经济改革 30 多年来的一场灾难，完全背离了“居者有其房”的基本理念，成为一个不折不扣的资本炒作的市场。房价泡沫比人类有史以来最大的拉美泡沫和日本泡沫都大，房子已经完全异化成一种只涨不跌的资产，而不是供人居住的住宅。房地产疯狂的背后离不开媒体与开发商的“狼狈为奸”，有关中国房地产的舆论一直被开发商变相控制。不管哪个城市，媒体都必须依赖房地产广告生存，所以各个媒体都有房地产版：报纸有房产版块，电视有房产频道，网络更是如此。大家一起吆喝房价万年涨，什么城市化、刚需、通胀、人民币升值，被吹得天花乱坠。那么，我们来看看刚需是什么？刚需，这是一个缺乏经济学常识的概念，在传统经济学上根本就没这个名词。某经济学家认为，即使在房价很高时，也有一些消费者进入市场，但这并不能改变楼市的根本性质，“刚性需求”是房地产开发商虚拟出来、鼓励消费者进入高房价市场的一个概念。他解释道，居民的住房需求不是“刚性”的，而是有条件的，它取决于住房市场的价格水平以及居民对这种价格水平的支付能力。如果居民没有支付能力进入这种价格水平市场，居民的住房需求是不存在的。还有一种观念，GDP 涨房价就要涨？这更是糊弄人。房价只对应城市居民的实际购买力，与其他任何经济数据都不对应，所有违背城市居民购买力的房价，必然会导致经济大萧条。更何况很多地方政府的 GDP 数据伪造假结果，可信度值得怀疑。种种违背常识的谬论在中国房地产极为盛行，何故？就因为开发商几乎控制了媒体。

看看现在的中国，大部分地区的房价早已高得脱离了人们所能承受的购买力。以北京为例，有消息说，六环的房子都有的卖到 2.8 万元/平方米。购买一套 100 平方米的普通商品住房也得 280 万元。而北京市统计局的数据显示，2013 年北京 1—11 月人均可支配收入为 36736 元，全年约 40075 元。相当于一般家庭 23 年的可支配收入。而实际上，这个数据应该是 3 ~6 年的总收入。这么算来，如果除掉正常的消费，北京人就是工作一辈子也买不起房。

据说，在北京开发的某著名楼盘，包括所有成本，每平方米大约 5000 元，房地产开发商最初计划开盘 9000 元/平方米，然后过渡到 12000 元/平方米。大家可能无法想象，事态的发展也远超出老板开发商的期望，后来该楼盘售价攀上 3 万元/平方米，现在到了 5 万元/平方米，试问这种暴利有谁能敌？

当然，除了房地产开发商大肆鼓吹房价高涨的歪理邪说，舆论媒体也逃脱不了推波助澜的责任，它们总是喜欢把目光投身那些有点名气、喜欢自我炒作的行业人士，比如任志强、潘石屹之类，只要他们稍一张嘴，媒体就一窝蜂跟着上，不惜版面为其摇旗呐喊、擂鼓助阵。某个有点名气或者实力较强的房企涨价了，这原本就是很平常的一件事情，是市场营销手法，根本就不值一提，可是媒体却当成新闻焦点，洋洋万言进行讨论点评，硬是用高射炮打蚊子，弄得全国上下炮声隆隆。

德国一家报纸说，北京、上海等大城市的房价已经远远高于欧美很多同类城市，如果考虑到实际货币因素，可能高出几倍、几十倍。德国的杜塞尔多夫、科隆这些房价最高的城市，即使在绝对黄金地段，每平方米2000欧元以上的房子也是极为罕见的。但在北京、上海等地有更贵的房子。

尽管房价高得离谱，可房地产是按零售价直接卖给消费者的，卖2万元一平方米就是得到2万元，尽管房地产也有代理商，但它与传统行业不一样，传统行业是砍掉一半给代理商，五折、四折、三折甚至一折，房地产商把房子给代理商是九八折、九九折，代理商只提一个点、两个点，提一个点、两个点是根本没有影响的，别的行业是要砍掉一半的，卖房子哪有砍掉一半的？那代理商还不发大了？设个售楼部卖房子，代理商卖十亿元，一两个点有几千万元，代理费可以忽略不计了。

房地产商卖的是零售价，它的成本就那么多，如果他的成本是一折的话，那么他赚的是九折，是九倍了，如果成本是九折，他还赚10%，如果成本是四折，他赚60%，那可就是暴利了，而别的行业的利润10%、20%都已经算高的了，如果是50%的话，就卖不出去了，比如酒的成本是50元，卖100元根本不赚钱，因为一卖给代理商就砍掉了一半，还赚什么钱？这就是房地产暴利的秘密，从来没有人指出这一点。

秘密之二——房地产的销售是区域性的，节省了大量全国性广告宣传费用

对一家企业来说，一旦生产出产品，不管是洗发水也好，轿车也好，

电冰箱也好，总是要进入全国市场的，否则怎么会销售得掉？特别是那些事业心很强的老板，都希望把自己的企业做大做强，把产品销往全中国乃至全世界，但企业想实现这一远大的目标，就得加大广告费用的投入，比如那些拥有世界级品牌的企业，广告投入更是不惜血本。

像宝洁公司在2004年的广告费用投入再次摘得全美最大广告客户的桂冠。宝洁2004年共投入近29亿美元用于其美国市场的产品营销，较2003年增长了7.4%。通用汽车公司2004年的广告投入较2003年增长了17.5%，达28亿美元，名列第二。时代华纳公司为20.6亿美元，位居第三。排在前十名的公司接下来依次为：西南贝尔，广告投入是19.6亿美元；戴姆勒—克莱斯勒公司，18.2亿美元；福特汽车公司，16.4亿美元；外瑞恩公司，广告投入为16.2亿美元；迪士尼公司，广告投入达14.8亿美元；强生集团，广告费为12.8亿美元；新闻集团，广告投入近11.3亿美元。

从上述十大广告客户中可以看出，2004年在广告费用有大投入的行业分别有日用消费品行业（宝洁和强生集团）、汽车行业（通用、戴姆勒—克莱斯勒、福特）、电信行业（西南贝尔和外瑞恩）、新闻娱乐行业（时代华纳、迪士尼、新闻集团）四大行业。业内人士指出，这四大行业目前大都处在“春秋战国”时代，企业并购案件不断发生。在这种情况下，为扩大影响，提高品牌知名度，自然得在广告费用的投入上加大力度。

谷歌、亚马逊及苹果在2011—2012年广告费用皆存在快速增长，侧面映衬出激烈的行业竞争。三家公司中苹果排名最高，位列全美第12。2012年苹果广告支出为6.62亿美元，较2011年5.46亿美元增长21%。以上数据囊括了苹果在电视广告、电台广告、印刷广告、网页展示广告上的支出，此类广告媒介一概被Ad Age（美国广告时代）网归类为“标准媒体”，但不包含搜索广告在内。

2012 年谷歌在“标准媒体”上支付的广告费用较 2011 年激增 66%，达 3.4 亿美元，排名第 36。谷歌这两年把市场推广重心放在 Google+ 这样的服务及 Nexus 平板这样的硬件产品上，而搜索业务这样的现金牛已然不需要营销部门的工作人员多费周章。亚马逊对于 Kindle（电子书设备）家族产品线的推广也是不遗余力。公司 2012 年在“标准媒体”上共投入 2.45 亿美元，较 2011 年增长 58%，位列排行榜第 68 位。在 Ad Age 榜单之首的是电信巨头 AT&T（美国电话电报公司），2012 年广告支出数据为 16 亿美元，均摊到每个美国公民身上比 5 美元还要多一点。

2012 年三星电子在美国的广告开支为 8.81 亿美元，同比增长 57.6%，为 100 大广告主中的最大开支涨幅，其中大多的广告费用花在了 Galaxy 设备上。2012 年亚马逊全球广告开支达 20 亿美元，同比增长 46.6%，在互联网企业中仅次于谷歌，主要是为了推广 Kindle 产品，塑造其“一站式”商店的形象。

2012 年在全球所有企业中，三星电子的广告支出最多。三星电子广告费排名第一尚属首次。至今为止，几乎都是可口可乐稳居首位。三星电子 2012 年的广告费达 42 亿美元，力压可口可乐（33 亿美元）居首位。三星电子的广告费是竞争企业苹果（10 亿美元）的 4 倍以上。在营销支出上，苹果花的钱只有三星的 1/5。三星全年营销费用为 98.48 亿美元，这个数字超过了苹果、微软、惠普、戴尔以及可口可乐 5 大品牌的总和。微软在推广 Windows 95（操作系统）的过程中花费了 2 亿美元。对 Windows 8 的营销投入达到 15 亿～18 亿美元。

像苹果这样的一家消费电子公司，每年的广告预算到底要花多少呢？苹果的财报中只公布 SG&A（销售、管理和一般费用）费用，其中包括广告费用。2008 财年，苹果公司 SG&A 费用总计 35 亿美元，如果广告费用占其中 10 %（这个比例并不过分），那么就相当于 3.5 亿美元。苹果的广告预算：2008 财年，苹果公司广告预算总额 4.86 亿美元。

宝洁是2012年美国最大的广告主，广告开支为48亿美元，同比下滑1.5%。通用汽车居第二，前一年的广告开支为30亿美元，同比增长8.9%。康卡斯特第三，广告开支为29.8亿美元，同比增长8.2%。第四至第十位排名依次为AT&T、威瑞森电信、福特汽车、欧莱雅、摩根大通、美国运通（American Express）和丰田汽车。

2013年，美国最大的10个广告主的总支出为37.35亿美元，同比增长5.7%。最大的100个营销机构代理了近2/5的广告支出。

宝洁以7.225亿美元的广告支出位列广告主首位，同比增长9.1；欧莱雅是另一家排在前10位的快消品企业，总支出位3.946亿美元，同比增长25.2%；AT&T广告支出达到4.635亿美元，同比增长27.5%。他的竞争对手威瑞森电信的广告支出下降2.6%，为2.959亿美元。

值得注意的是，最大的100个广告主的支出占总支出份额增加了0.5%，达到总体支出的46.3%。10个最大的品类的广告支出增加了1.3个百分点，达到195.915亿美元。汽车行业以33.518亿美元的支出居首；零售业以31.686亿美元的支出列第二位，同比提升0.5%；电信业广告支出达到20.665亿美元，同比提升10%。

2013年美国广告主将在实时竞价广告上面花费超过33.6亿美元，远高于2012年20亿美元和2011年的10亿美元。随着市场的成熟，RTB市场增长将逐步放缓，但到2017年RTB市场的增速仍将保持两位数，届时实时竞价购买广告的市场规模将达到84.9亿美元，占数字展示广告支出的29%。

全美2013年第四季度数字广告收入突破121亿美元，全年收入达到428亿美元，首次超过广播电视（但并未超过整体电视市场）。

2013年的全美数字广告收入较2012年的366亿美元增长17%。作为其中的一大亮点，2013年全美移动收入接近71亿美元，较2012年翻了一番。数字视频广告收入同样实现大幅增长，达到近30亿美元。搜索仍是数额最大的在线广告，2013 年的收入达到 184 亿美元，在 2013 年美国数字广告整体收入中占比达 43%。引人关注的是，包含多种模式的移动广告规模，几乎与在线显示广告规模相当。移动广告在整体数字广告中的占比达到 17%，远超 2012 年的 9%。

2014 年，互联网显示广告和搜索广告将增长 15%，同时，占据 50% 份额的总体电视广告作为最大的广告支出收入平台将上升 6.6%。所有这些来自 2014 年度前三个月美国整体广告市场上升 12%，数字化支出猛增 22%。即使抛开数字化支出，传统广告支出同样表现出色，2014 年第一季度上升了 7.8%。

2014 年第一季度是自 2012 年第三季度以来传统广告支出增长最快的时期。NBC 电视广播公司及其各站在今年第一季度广告收入上升了 21%。总体的，广播网络在 2014 年第一季度增长了 26.5%。今年，地方电视台有望在所有电视平台中获得最多收益，相比 2013 年的 6% 上升至 10%。但即使如此，相比 2012 年，2014 年仍旧位居其后。2012 年电视台上升至 17.5%，当年是重大的政治和奥运广告季。

展望未来，研究公司预计到 2015 年将出现低增长，没有了奥运和政治季广告收入，广告将增长 3.2% 达到 1584 亿美元。2015 年表现最好的平台将是互联网显示和搜索广告，预计增长 12%。电视将勉强出现 0.5% 的增长，全国有线电视网预计增长 5%，将是所有电视平台中表现最好的。

外国的企业是这样，中国的企业也不例外。2012 年，1100 余家公司共支出 582.50 亿元广告费，122 家公司合计支出 67.46 亿元促销费。2013 年，剑南春以 6.08 亿元夺得央视广告标王，食品饮料公司都是当之无愧的支出大户。不过，广告费投入最多的却是交运设备行业的上汽集团，当年度广告费达 67.89 亿元。值得一提的是，一汽轿车 2012 年度净亏损 7.56 亿元，但其当年度广告费支出仍高达 6.91 亿元。

2013年年初，王老吉在央视以6080万元拿下“开门大吉”的栏目冠名，并独家冠名湖南卫视2013年小年夜大联欢和元宵喜乐会，而后相继和各大电视台携手合作。正是在这种猛烈的广告攻势下，王老吉在销售收入增加的同时，营销费用也大幅增加。2013年王老吉一季度的销售费用6.35亿元左右，二季度13亿元左右，三季度8亿元左右，四季度7亿元左右。

在家电企业的销售费用之中，广告费占有极大比例，部分家电企业的广告费甚至超过研发费用以及售后服务费用。与其他消费行业相似，家电行业对广告宣传十分重视。“一晚1度电”“零度不结冰的冰箱”“1秒开机、10小时持续使用平板电脑”“52天一度电的风扇”等高科技概念口号被企业大肆宣传，以此来争夺市场份额。

四川长虹、深康佳、小天鹅、海信电器的广告费都超过亿元，不少家电厂家的广告费接近甚至超过研发费用。其中美菱电器2012年广告费达5827万元，而研发费用仅有2993万元，深康佳广告费高达3.1亿元，但研发费用却只有2亿元。与此同时，不少厂家的广告投入也超过售后服务费用。澳柯玛广告费达7615万元，但售后服务费为3975万元，海信电器广告费高达6.2亿元，但售后服务费仅为2.6亿元。

家电企业的销售费用一般都远远高出其他成本支出，青岛海尔、美的电器、格力电器等大型家电企业2012年的销售费用都超过50亿元，很多企业的销售费用达到管理费用的2倍之多。另据可靠消息，13家家电企业2012年赢利186亿元，但在这背后的成本中，销售费总计高达533亿元，相当于1元钱利润，是用近3元的销售费用支撑起来的，这一比例远远高于房地产、白酒等消费行业。

脑白金到今天之所以这么火，与其铺天盖地的广告营销是分不开的。史玉柱做广告从不吝啬广告媒介费用的投入，脑白金更是通过数亿元的媒介投放打出来的。不只是地面分销，在空中还要打广告，而是打全国广告，仅这一块一年就得几亿元，这都得算在成本里面的，都要从那一百元钱的零售价里面分，而且都是厂家在支付，厂家批发出去了，你去卖了，打广告等的一切费用全部是厂家的成本。

而房地产商就没有这项开支，现在的房子都不需要打广告。

至今为止，我们天天一打开电视，见到的所有的广告全是生活类的，大到家电轿车，小到油盐酱醋，几乎无所不包，甚至是一把男人用的刮胡刀、女人用的卫生巾、小孩用的尿不湿也天天在电视上播来播去，就是没见过上海房子或广州的房子在电视上打全国广告的。开发商在北京投资建设的一个楼盘，需要在全国打广告吗？不需要，只打北京的就可以了，因为购房者主要是在北京的人，这就大大节省了传播费用。

如果是一个地级城市或县级小城市，开发商找个懂电脑的设计人员设计设计，再找个一般的印刷厂印成广告传单，50 元钱一天找人发，大街上没事干的人太多了，一捞一大把，一招手就能过来一大帮，花个几万元钱广告就飞起来了。如果这个开发商是个没脑子的，一高兴打全国的广告呢？就得几亿元吧？可是，这是万万不能的，因为开发商是团队工作性质的，一个人是傻子，也不会许多人都是傻子呀，总有一个明白的，平常一个楼盘的广告不就几万元钱吗？这几亿元就省下来了。

秘密之三——节省了庞大的全国性地面营销团队费用

我们知道，生产性企业生产出一种产品之后，为了增加销售收人，要卖到全中国乃至全世界，除了在全国各地招代理商、经销商之外，厂家自己还要有一支庞大的全国性营销团队，分赴全国各地协销，或驻店促销，或联系当地媒体投放广告，或协助经销商进行政府公关，或与经销商、代理商沟通等。在全国各地设立分公司、子公司、办事处等，少则数十人、数百人，多则数万人、数十万人，这些人的工资、奖金、提成、差旅费、食宿费、通信费、培训费、招聘费、管理费等，都是生产企业在承担。而为了促进销售业绩，营销售人员往往绞尽脑汁，想出各种各样的营销与促销手段，由此又带来了名目繁多的营销费用：促销费用，包括宣传单印刷费、赠品费用、展览会费用、促销人员工资等；仓储费用，包括租金、维护费、折旧、保险、包装费、存货成本等；运输费用，包括托运、装卸费用等，如果是自有运输工具，还要计算相应的折旧、维护费、燃料费、牌照费、保险费、司机工资等。这是一笔庞大的费用，都要分摊在产品销售里面，而这笔庞大的地面营销费用在房地产企业里则省了，一个楼盘不需要派一万多人全国各地到处去卖，没有这么做的。

这么庞大的广告费用和地面团队的费用，还有经销商层层分销的让利，这些都是属于营销费用。

销售额大的企业都存在这样一笔庞大的营销费用，房地产这笔钱就省下来了。一个企业在全国市场能做到年销售额十亿元就不错了，而一个楼盘的销售就有十亿元，这相当于一个企业卖全国市场的产品。打那么多广告派那么多人营销才十亿元，一个楼盘一开盘就可能卖到十亿元，把几亿元的营销费用全部节省了，包括分销商的费用、传播费用和地面部队的费用。这就是房地产的暴利，因为省下的钱都是他的利润。

秘密之四——房地产经营的“杠杆”效应大大提高了利润率

阿基米德曾经说过：给我一个支点，我就能撬起地球。而今房地产行业的暴利也是应用了这个定律。

撬动房地产庞大市场的杠杆支点在哪里？显然在银行。银行的贷款几乎对于每个房地产商来说都是开发地产项目的主要资金来源，加上先预售后完工的运作手法，从业主手中得到的预付房款，地产商基本不用自己投多少资金，这种运作的结果是银行成了最大的风险承担者。开发商的自有资金比例如果由35%下降至20%，杠杆就由2.9倍上升到5倍。如投资2.5亿元的楼盘，开发商只要5000万元自有资金。对于买房的，原来首付是40%，如果现在降到了10%，杠杆由2.5倍增加到10倍，如果上面提到的投资2.5亿元的楼盘销售额为5亿元，那么购房人只要付首付5000万元，贷款4.5亿元。开发商用5000万元撬动5亿元的销售。银行呢？开发商先借了2亿元，买房人又借4.5亿元，共借出6.5亿元。

我们来算一笔账，比如一个楼盘卖了10亿元，房地产开发商的投资可能只有200万元。这是房地产经营的“杠杆效应”。是这个楼盘建起来花了8亿元，开发商卖了10亿元，净赚了2亿元，2亿元除以8亿元好像没有挣多少，但是房地产商来建这个楼盘只用了200万元，房地产商为什么可以用200万元去撬动，因为他们跟现在的地方政府说，他交200万元，这块地皮就给他了，然后他再拿这块地到银行去抵押贷款，贷款之后再让建筑商垫资建起来了，建起来后他又到银行去把房子抵押了，建起来看着是花了 8 亿元，其实是只花了 200 万元，最后卖了 10 亿元，利润是 2 亿元，用 200 万元去除以 2 亿元，这个利润就可观了，这是房地产暴利的根源。

再例如，1955 年霍英东投资兴建一幢香港当时最高的大厦——蟾宫大厦，他首创了“卖楼花”、分层分单元出售大厦等新的经营方法。据霍英东自己介绍，“整栋蟾宫大厦，包括建筑费在内，总投资约 200 万港元，但其实我们只动用地价一成的资金 10.3 万港元，其余的费用全靠卖楼花，用买家的钱来交地价、盖楼。楼价好像是每英尺 80 港元，我们赚了 100 多万港元。”在短短一年多时间里，霍英东就赚到 1000 万港元以上。其中他动用的本钱不足 100 万港元。这种以小博大的“空手道”本事，一直被当作霍英东的传奇经历为人们所称道。

在香港是这样，在内地也好不到那里去。据内蒙古一家房地产公司的经理说，包头、鄂尔多斯等地的中小房地产企业自有资金率一般在 20% ~30%，其他运营资金主要为银行贷款，特别是近年以来贷款政策宽松、利率较低，大大缓解了企业的资金压力。因为依照现有规定，自有资金率达到 25% 即可预售，一个房地产开发项目的自有资金率达到 20% ~30%，整个楼盘即能全面启动。北京一家投资集团董事长说，房地产业现在普遍实行预售制，一个 20 亿元的项目，自有资金有 5 亿元就行了，其他可以通过预售来解决。如果以自有资金计算，一个项目的利润率可能很高。

银行业统计数据也显示了房地产开发投资中的高“杠杆化”融资态势。2012 年前 7 个月，山东省房地产开发投资资金来源中，银行贷款占比 23.4%，同比提高 2.2 个百分点；自筹资金占比 40.8%，同比降低 3.3 个百分点；其他资金占比 35.3%，同比提高 1.5 个百分点。而仔细分析，所谓“其他资金”，其主要构成为购房者的定金、预付款和个人按揭贷款，而这部分资金来自银行贷款的比例在60%左右。总体概算，房地产开发资金来源直接或间接来自银行贷款的比例在45%以上，此外还有部分资金来自民间融资。而包头市房地产业协会进行的抽样调查也显示，即使在房地产业最不景气的2008年，当地房地产开发中融资借款的比例仍达到60%以上。

《胡润财富报告》指出，中国内地有87.5万个千万富豪和5.5万个亿万元富豪。其中，十亿元富豪1900人、百亿元富豪有140人。而中国内地富豪数量的增长主要依赖三个方面的因素，即股指上涨、房价上涨和GDP的快速增长。不仅如此，在福布斯中国富豪榜上，这两年新晋的富豪无一例外的都是房企老板。他们大多通过在香港H股上市一夜暴富，碧桂园、龙湖、恒大这些房企的老板轮番地成了中国首富。不过，观察他们的财富成长路径会发现，其财富的增长并不是依靠自己公司的价值创造，而是在房地产泡沫中“吸血”。

房地产业已经成为中国最为暴利的行业。有关数据表明，自2005年至今，有近40家上市公司由原来的主业转行房地产，占到目前地产类上市公司总数的35%。而以上市公司的毛利率表现来看，房地产行业表现最为突出，自2005年以来毛利率连续五年超过30%。国内房地产市场的利润率看似不高，但开发商的真实利润水平却远高于此，其中的奥妙在于前期房地产开发的“杠杆效应”。“杠杆效应”使中国的房地产偏离了其民生属性，放大了房地产金融投资属性的一面，加速了财富向地产商集中，并且增强了地产市场的投机性。

开发商购置土地或明或暗可以贷款，拿到土地证后又可以名正言顺地向银行抵押贷款，项目开工后建筑承包商垫资建设也是行业惯例，而且，虽然预售制度有很大变化，但开发商花样翻新地创造出各种变相的“卖楼花”方式，例如向意向购房者十几万元高价出售会籍，获得会籍后就可在开盘时折价购房。通过利用制度上的不完善，许多开发商可以用5

倍、10倍的杠杆率来操盘，这样一来100%的利润率也不是神话。

房地产商为什么能登上福布斯排行榜？他们的利润不是百分之几，而是百分之几百、上千了，这就是杠杆效应。如果是做传统生意的，你是不是得把厂房建起来？你是不是要进原材料、进机器设备？雇员工把产品生产出来，然后再卖出去，一大笔资金全部投进去了，卖出产品之后再扣掉这些才是你挣的。

比如，深圳1980年开始出现我国第一批商品房，当时深圳对住宅和商业物业、工业物业进行了严格区分，这符合当时深圳的特殊情况，但是现在应改变这一切。比方说，在住宅上，当时实行三成首付利率七折的优惠政策，住宅年限实行70年产权制度，这样便于刺激购买，更有利于解决绝大多数工薪阶层的居住问题，是一种积极行为；对商业物业实行的是40～50年的土地使用权制度，在金融上实行的是五成首付政策，利率不予优惠；工业用地放得更开，深圳很多村里不需经过批准就可以建工业厂房用于出租。后来其他很多城市模仿深圳，但是对高级公寓、酒店式物业、产权式商铺、旅游地产等商业性物业全部采用住宅式金融，一下放大了房地产的金融杠杆效应，鼓励了投机炒作。在土地上先是交纳保证金就可以办理土地使用证，后来又允许将土地使用权用于抵押向银行贷款。这是一种空手套白狼的行为，用的都是银行的贷款。

这也充分说明，房地产企业在建房子过程中用的是杠杆效应，是用银行的钱在做事情，这就是不公平的地方，而其他的行业根本贷不到款，企业不能因为消耗了原材料就要去贷款，比如企业贷款两百万元，然后就去进设备进原材料，这是不可能的，只有房地产才能这么干。为什么房地产可以这么干？因为这是固定资产拿不走，而企业的原材料是流动的，是不能抵押的，也就是说这些传统的行业不能用经营的杠杆，房地产就可以用国家银行的钱来赚钱，而其他的行业却做不到，这是房地产暴利的另一个方面。

第四章　房价是一定要跌的

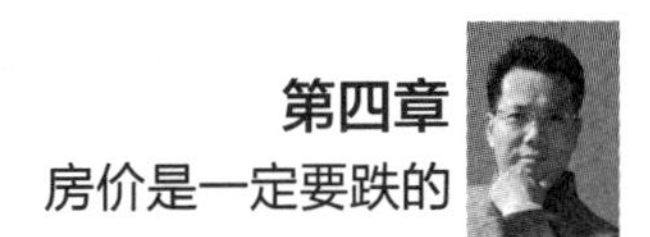

房价是一定要跌的。为什么说房价一定要跌呢？反对者的观点是中国的房价一定是要涨的，因为地球只有一个，土地越来越少，房价一定是涨的，任志强他们都是这个观点，而这个观点是经不起推敲的，地球只有一个，美国的房价为什么会跌呢？我们跟美国也是一个地球呀，但美国的房价跌了，是不是美国的地越来越少？再说我们中国也曾经跌过，1993 年房地产泡沫破裂时房价跌了，如果单纯说地球只有一个，地会越来越少，房价一定要涨，这是很荒唐的，也是经不起推敲的。

中国的房价已是世界之最，高得太离谱

房价一定是要跌的，为什么要跌？因为房价实在涨太高了。关于太高的问题，我们可以去进行一个是横向的比较。如美国纽约、法国巴黎、日本东京、英国伦敦这些发达国家和地区的房价，与中国的北京、上海、广州、深圳做一个横向比较，有比较才能知道房价到底是高还是低。

1. 美国纽约的房价

曼哈顿岛是纽约的核心区域，在五个区中面积最小，仅 57.91 平方

千米。但这个东西窄、南北长的小岛却是美国的金融中心，美国最大的500家公司中，有1/3以上把总部设在曼哈顿。7家大银行中的6家以及各大垄断组织的总部都在这里设立中心据点。这里还集中了世界金融、证券、期货及保险等行业的精华。位于曼哈顿岛南部的华尔街是美国财富和经济实力的象征，也是美国垄断资本的大本营和金融寡头的代名词。这条长度仅540米的狭窄街道两旁有2900多家金融和外贸机构。著名的纽约证券交易所和美国证券交易所均设于此。华尔街差不多已成了纽约金融区的同义语，而实际上金融区的范围还要延伸到华尔街以外的地方。

纽约也是摩天大楼最多的城市。代表性的建筑有帝国大厦、克莱斯勒大厦、洛克菲勒中心以及后来的世界贸易中心（2001年9月11日，世贸大楼遭恐怖分子袭击而倒塌）等。帝国大厦和世界贸易中心大楼均有100多层，直耸云霄，巍峨壮观。纽约也因此有了"站着的城市"之称。

美国纽约曼哈顿是世界金融中心。这块风水宝地的房价号称世界第一贵。那么，经历了金融危机三年之后的曼哈顿的房价到底跌了多少？2011年纽约曼哈顿的房价到底有多贵？纽约曼哈顿的房价和所在的区有关，从邮政编码可以看出是不是最贵的区。我们来看看纽约曼哈顿最贵的区，就是所谓的河景房的房价到底有多贵？

以面临纽约曼哈顿哈德逊河的一处临河的30余层高的酒店式管理的公寓楼为例。里面是一套套有客厅、卧室、餐厅、厨房、卫生间的公寓，和中国的高层住房差不多，只不过它整栋楼的管理都是酒店式管理，大楼的门卫是24小时值班，服务也比较周全和周到，包括可以清理房间、换洗被单等，和酒店的服务差不多，所以管理费也比较贵。楼内还有可供住户使用的举办聚会的地方和游泳池、健身房等。

我们来看一套位于31楼的面积140平方米、拥有一个客厅、两间卧室、两个卫生间、一个厨房、一个阳台的"套房"。房价是130万美元，每平方米9200美元（至2014年每平方米平均房价涨至1.2万美元），按

6.48 的汇率约合人民币 842 万元，大约每平方米人民币 6 万元。这比上海黄浦江边的江景房几乎便宜了一半以上，与深圳蛇口和深圳西部湾口岸附近的高层住房差不多。上海黄浦江边的江景房一般每平方米都在十几万元人民币，深圳蛇口的高层住房则卖到 4.5 万元一平方米，而深圳西部湾口岸高层住房每平方米要 5 万元人民币。当然，美国买的房子是永久的产权，中国是 70 年产权，实际是买的 70 年的租用权。

2. 法国巴黎的房价

巴黎房价最贵的地方是市中心左岸，第 8 区房价为每平方米 1.2 万 ~ 1.5 万欧元，换算成人民币是每平方米 10 万 ~13 万元。但是法国的房子讲的都是纯粹使用面积，不存在得房率之类的问题，所以换算成中国的建筑面积，大约还要乘 75%，也就是每平方米 7.5 万 ~9.5 万元人民币。

这是比较贵的地方，当然还有更加极品的。据介绍，卢森堡公园附近有几栋卖到每平方米 1.5 万 ~2 万欧元的，换算成中国的建筑面积大约合每平方米 9.5 万 ~11.5 万元人民币。但是这样的房子只有几栋，加上巴黎市区很少有高层建筑，算下来也就几百户。拉丁区之外的其他地方则要便宜很多，尤其是右岸的黑人、阿裔聚居区，还有 13 区“中国城”的高层住宅区等。总的来说，巴黎市中心的房价使用面积平均在每平方米 9000 欧元左右，换算成人民币再换算建筑面积，大约每平方米 5.5 万元。

在这个数字之外，要附加说明几点。第一，法国的房子是全产权，包括房屋和土地，永久私人产权，没有土地使用年限。第二，房屋建筑耐用年限一般是至少 100 年，很多都是包用 150 年甚至更多。这比国内传说的包用 30 年要久远很多。第三，市区绝少高层建筑。13 区“中国城”的高层住宅因为密度比较大，所以房价更便宜。第四，真正的巴黎市区面积很小，大约相当于上海的黄浦区、卢湾区加静安区或者北京的二环以内。出了这里，严格意义上说都不算巴黎，而房价就要便宜很多，大约是市中心的1/4～1/2不等。比如法国有的地方说是郊区，其实到市中心的巴黎圣母院，乘地铁或者骑自行车都只要半小时不到。这里的房价，换算成中国的建筑面积，公寓大约是每平方米1.5万元人民币，别墅一般也不超过每平方米2万元人民币，比北京、上海相同地段的房子要便宜。

3. 日本东京的房价

东京原来主要在东京中心三区，包括千代田区、港区和中央区，不过由于机构太过密集、交通拥挤的原因，东京当地政府从20世纪60年代就开始在新宿建CBD（中央商务区）。现在，新宿CBD不到1平方千米的区域中近90%是金融机构，而且98%的国际金融机构都在此落户。

自CBD开始兴建以来，新宿的房价涨幅都名列日本的前十位。东京的房价在全世界都是顶级的，目前东京市区的新房价格大多在每平方米75万～125万日元，折算成建筑面积和人民币，为每平方米4万～6万元。

对年轻人来说，在东京买房也是一个非常痛苦的过程。一般而言，在东京工作5年左右的年轻人平均薪水为31万日元左右，相当于2万元人民币，就是说两个月薪水才能买一平方米房子，工作20年才够房款（70～90平方米的房子）。相对整个日本而言，这是偏高的，全日本平均而言一般是7～8年的收入就能买一套普通的住宅。

而在东京新宿、港区和中央区这几个特别繁华的区域，因为寸土寸金，高档公寓的价格更高，比如新宿核心区一套55平方米的房子（使用面积），2013年刚刚建完，报价7500万日元，折合人民币约470万元，如果折合成建筑面积，单价约为每平方米6万元。不过，在东京老牌商业核心区千代田区，一套徒步两分钟到地铁站、37平方米使用面积的公寓，3280万日元，折合人民币和建筑面积后，约为每平方米4.1万元。

居住在东京这些高档公寓的大多是金领阶层，但真正的富豪阶层并不多。这种人群结构、地段的高档公寓比一般的房产贵一些，但又贵得不离谱。日本真正的富豪阶层更加偏向别墅，比如位于代官山的别墅等。

东京以及日本的房子是按照专有面积计算的（房子外墙的中间线计算），没有走廊、电梯间等公摊。所以东京标注的70平方米的房子，相当于国内100平方米建筑面积的房子。东京以及日本的房子都是精装修，包括一体浴室、整体厨房、地板等，不存在四白落地这种交房状态。此外，无论独栋房子（一宅建），还是公寓房子（Mansion），业主拥有土地的永久产权。日本有成熟的法律，公寓到了使用年限后如何处理、如何再建、如何分配，有完整的法律制度。

4. 英国伦敦的房价

伦敦的CBD在道克兰，位于伦敦市向东三英里。但如果论影响力，伦敦商业文明最繁华的地方是金融城，被英国人称为“那一平方英里”的地方。

金融城可谓是伦敦的风水宝地，从17世纪下半叶起，这里已经成为英国乃全全球金融垄断资本的心脏。名列世界500强的企业有375家都在金融城设了分公司或办事处，481家外国银行在这里开业经营。这里还有180多个外国证券交易中心办公室，每天的外汇交易额达6000多亿美元，是华尔街的两倍，管理着全球4万多亿美元的资产。

英国房地产中介曾在2013年带了多个伦敦公寓到北京房展会，其中一套距离金融城步行只有10分钟，两室、两卫、一大厅、一大厨房、两个储藏间，精装（烤箱、洗碗机、冰箱、灶台、油烟机均有），房龄三年的新建公寓，大概在100～120平方米（伦敦的房子是按几居卖的），总价 38 万英镑，折合人民币 380 万元左右，单价约每平方米 35000 元。

5. 中国北京的房价

而北京 CBD 在国际上的影响力也与日俱增。西起东大桥路，东至东四环，南起通惠河，北至朝阳北路之间 7 平方千米的区域，这里是三星、德意志银行等众多世界 500 强企业中国总部所在地，也是中央电视台、北京电视台等传媒企业的新址，还汇聚了国内众多金融、保险、地产、网络等企业。这里的房价也一直是北京房价的金字塔顶端。

在这一区域内最具有典型代表的几个楼盘是新城国际、华贸公寓。新城国际位于 CBD 的最核心区，周边被嘉里中心、国贸、京广等写字楼环绕，目前这一楼盘单价约为每平方米 7 万 ~8 万元。一套 12 年房龄的新城国际两室两厅，112 平方米，售价要 802 万元，单价约为每平方米 7.2 万元。

从纽约、东京、伦敦、北京等几个城市比较来看，房价都不便宜。其中，绝对值最贵的自然是纽约曼哈顿，这里是全球金融、商业中心。在这里的顶级公寓的房价如果换算成人民币，超过每平方米 20 万元。住在这里的人大多是企业大亨、金融才俊，这些人的特点是极为有钱，且都是工作狂。当然，能在曼哈顿购买顶级公寓的人，这里的房产都不是唯一住宅。

在四个城市中，伦敦的金融城是最有风范但房价最低的。金融城和整个伦敦市一样，不像纽约曼哈顿那样高楼林立。这里从来不是高档公寓、豪宅的聚集地，所以这里的房价也最接地气。

相对而言，北京的房价是最特别的。这里从绝对价格来说，要比曼哈顿动辄 600 万美元的公寓便宜不少，但比起东京新宿、伦敦金融城却一点也不便宜。北京的房价似乎和 CBD 没有太多直接关系，而只是和地段有关系，三环以内高品质小区没有单价 5 万元以内的，五环以内新房没有3万元以内的。更重要的是，如果按照瑞银2012年的全球收入报告，北京的平均收入只有伦敦和东京的1/5左右。在这里，一个普通年轻人要想买一套80平方米的公寓，少说不吃不喝得工作40年。

和美国早期一样，中国人都认为他们“必须”拥有自己的房子，这样的念头随着不断上涨的房价而增强，并造就了一些大城市——如北京和上海的可负担比率惊人，在经历了2012年9月以来房价的报复性上涨之后，北京的房价收入比（住房价格与城市居民家庭年收入之比）大概在25，而上海大约为20。即使看全国平均水平，也超过8倍。这个比例是很重要的——它揭示了中国房地产泡沫的规模在哪个范围内。东京在日本房地产泡沫高峰期的时候，其房价收入比也只有9倍左右。因此，以日本为参照物，中国城市居民的住房负担能力非常低，而住房价格过于高了。此外，还有一个有趣的数据：2009年中国的房地产投资占国内生产总值的10%，而2007年为8%。而在日本，在泡沫高峰期，该数值也从来没有超过9%；在美国，它从来也没超过6%。

很多人的反驳意见是我们的房价还低很多，看香港房价有多高、纽约多高等，他们这种比较实际上是失去了公正，也就是说他们没有比较我们的人均国民收入，并不知道我们的国民收入是多少，但是房价却跟人家旗鼓相当相提并论了，这本身已经过高了，上涨速度也是过快了，所以说现在的房价已经很高了。

房价涨得太高一定要跌，像股市一样

不管什么东西，价格太高了就一定要跌下来，而跌下来是经济规律，这决定中国的房价一定要跌，要么是泡沫破灭，要么是去调控让房价跌下来。

对于高房价，埋怨者有之，痛恨者有之，乐不思蜀者有之，知道其危害的就少之又少了。其实，高房价的危害一点都不比毒品逊色，反而是有过之无不及。

第一，高房价让购房者背上沉重的债务，一有风吹草动，比如失业，比如家庭成员生一场大病，都可以让房奴倾家荡产。即使有幸远离天灾人祸，也有可能因此错过许多创业的机会，丧失不少旅游、交友等人生的快事，或负担不起子女升入好学校的费用，断送了子女的大好前程……

第二，高房价让炒房者游手好闲，堕落成楼市的寄生虫。如果房地产崩盘，炒家血本无归事小，养成好逸恶劳的陋习后，脱离高房价的寄生生活，以什么养家糊口事大。大量无一技之长的无业游民存在，对社会来说，是一个不稳定因素。

第三，高房价抑制了内需的拉动，让实体经济的复苏变得遥遥无期。现在，有钱没钱的，有房没房的都在买房，不可避免减少了其他产品的消费。实体经济是外销锐减，内需疲软，可谓是内忧外患，面临双重困境。实体经济难以复苏，就业形势势必严峻，GDP（国内生产总值）的增长无以为继，国富民强永远是一句空话。

第四，高房价造成贫富悬殊进一步拉大，富人可以利用住房作为工具盘剥本来就穷困潦倒的穷人。社会缺少公平，贫富悬殊太大，都是社会不和谐的因素。社会难以和谐，有些人就会铤而走险，恶性案件就会进一步增加，人们缺少安全感。就算你是富人，也难以找到所谓的幸福。

第五，高房价浪费资源。因为高房价，大量的土地被开发囤积撂荒，大量的房源被炒家居奇闲置。一方面是耕地紧张，另一方面许多土地杂草丛生；一方面许多人居无定所，另一方面又有不少小区黑灯瞎火。我们许多资源就因为贪念，人为造成浪费。

当然，高房价的危害远远不止以上几点，比如威胁银行安全，比如滋生腐化腐败，比如造成人们道德沦丧，等等。

伴随着城镇化，大量农民进城，势必要新增大量住房需求，而“供求关系”正是决定房价走向的一个基本因素，但也并非唯一和最根本因素，除此之外，商品本身固有的真实内在价值，实际上才是决定商品价格最终高低的最根本因素。这也就是说，一件商品价格的高低，不仅只取决于外在的“供求关系”，从长远来看，更取决于它本身是否“物有所值”。一件商品在“供求关系”驱动下，即便其一时价格会严重背离其真实价值，但终究不可能长期维持。

目前我国城市尤其大城市房价，是否当真“物有所值”、准确地反映了其真实价值水平？鉴于我国房地产市场长期存在的“双重垄断”（地方政府垄断土地供应、开发商垄断住房供应）格局，以及依赖于此而形成的“土地财政依赖”“房产暴利”“房市炒作投机”，我们显然很难轻易对此予以肯定回答——相信当前房价就是完全不含任何虚高、泡沫成分的真实价格。而在如此畸高的“房价收入比”面前，即使站在“供求关系”和“城镇化率”的角度来看，我们同样也很难相信，这样的“房价收入比”是足以长期支撑未来城镇化的“住房需求”的。

农村城镇化，钱从哪里来？地方政府是不可能从财政上拨款给农民到城镇买房的。2008 年地方融资平台借的 10.7 万亿元还等卖地还呢。农民自己有钱吗？要知道，2013 年我国农民的年人均纯收入不过区区 8896 元，全国人民存款 30 多万亿元，13.5 亿人口，人均两万多元，贫富差别大，农民肯放下住了几代人的山清水秀的老屋去城里买房吗？农民的孩子不少考上了城里大学，也要买房；他们生病也是动辄就几万元几十万元，敢去城里买房吗？而他们恰恰正是未来城镇化的主要人群。看了一些“农村城镇化”的文章，总是不得要领，不知所云。就像当年的西部大开发，结果去一个企业亏一个，后来只好偃旗息鼓了。不像深圳、珠海大开发，土地价人工价比港澳便宜几倍几十倍，工资又比内地高几倍，于是中央登高一呼，全国人民帮助，港澳企业家蜂拥而入，两座现代化城市 20 多年来出现在中国的南方，多成功啊！人心所向啊！农村城镇化难啊！

也正是源于这种“房价收入比”畸高的现实，“企盼房价下降”才会成为一种十分普遍的舆情民意、民生向往。因此，房价下跌是一定的，这不是人为的、一厢情愿的，你想让房价涨它就涨。

此外，从供求方面来讲，实际上我们现在的房子已经够多了，有许多人有两套房子、三套房子、十套房子、一百套房子、五百套房子，他们买房子是作为投资的，很多房子没人去住，成了空置房，等着房子涨价。

中国住房过剩超过所有人的想象

全国空置房是很多的，有的开发商建的房子卖掉了，实际却成为空置房，没有真正消费掉，是囤积在那里等着升值，不断地升值不断地买，导致的结果就是有那么多房子都是在投资，房价不断在上涨，像股票一样，总有到头的时候，一旦不涨了下跌了，这个时候房子的投资人想变现想卖掉，你卖给谁？太多的人都想卖房子，供应一下就扩大了，房价就会跌下来，否则就卖不掉了，到那时候的房价会一泻千里，这就是说目前房子的供应量太大了。

部分城市的房屋供应已经过剩，这是业界共识。但全国范围内的过剩到底严重到什么程度，一直缺乏数据支撑。国家电网公布的660个城市中有6540万住户的电表数字半年使用度数为零，以此推断，中国的空置房数目是6500万户。实际上，算上1500万～2000万户投资出租的那部分住房，同时在总数中扣减异地打工的500万～1000万住户，中国住房的实际空置数量为7500万～8000万户。这才是客观的数字。

这从查阅全国各地的统计数字中也可得到印证：中国房屋开发量的确已经过剩，而且过剩程度令人震惊！

查阅国家统计局2013年统计公报，2013年全国房屋施工面积是66.6亿平方米；竣工面积是10亿平方米，其中住宅是7.9亿平方米。根据《国家新型城镇化规划（2014—2020年）》，未来6年要实现1亿农村人口进城，那么按照目前城市住宅竣工速度，6年可以提供7.9亿平方米×6=47.4亿平方米的住宅。考虑到部分老旧住宅的拆除，以及城市原有人口住房的改善，这个住宅供应量应该是可以接受的，是看不到任何异常的。

但按照常州市统计局的数字，2013年当地建筑企业正在施工的房屋面积是1亿平方米。而南京、苏州、无锡的数字更大，这样仅仅江苏的四个城市，就有超过4亿平方米的房屋在建面积！

打开2013年和2012年江苏省统计公报查看的时候，就更傻了：2013年江苏建筑企业房屋建筑施工面积竟然是19.3亿平方米；竣工面积6.8亿平方米，其中住宅竣工面积4.8亿平方米。2012年，这三个数字分别是16.2亿平方米、5.8亿平方米和4.1亿平方米。也就是说，如果国家统计局的数字正确，仅仅江苏一个省，就占了全国约1/3的建筑总量。这显然是不可能的。

会不会是江苏省统计局昏了头，连续两年的统计数字都是错误的？再来看浙江省统计局官网上的2013年统计年鉴（提供2012年数据），因为2014年版（提供2013年详细数据）的还没有出来。在这个年鉴中赫然写着，2012年浙江省房屋施工面积高达16.7亿平方米，竣工面积高达

5.5 亿平方米。仅仅在绍兴一个地级市，2012 年的房屋施工面积就达到了 4.7 亿平方米，竣工面积达到了 1.8 亿平方米！

要知道，绍兴只有 500 万常住人口，就算 100% 城镇化，而且每年竣工房屋中只有一半是住宅，也足够给每个人“分配”18 平方米。即便不考虑历史存量，只需要最多三年，绍兴的房屋就饱和了。所以，目前绍兴的房屋开发，是寻死的节奏。

为什么省级数据跟国家统计局的数据严重背离？主要原因或是统计口径不同：国家统计局的 66.6 亿平方米施工面积的数字，是从房地产开发企业角度统计的。江苏的 19.3 亿平方米和浙江的 16.7 亿平方米，是从建筑企业的角度统计的。显然，江苏、浙江的口径更接近全口径。因为安居房、单位集资房、乡镇开发的所谓自用房，以及军产房、市政设施等，不会列入房地产开发面积。而这些房子，按照江苏统计公报透露的比例，大概七成是住宅。

大部分省份都是按照国家统计局的做法，从房地产开发企业角度统计的，因此都不是全口径数据。所以就出现了广东、山东、河南、福建四个省（其中三个是人口超级大省），房屋开发量没有一个浙江省多的怪现象。

需要提醒的是，虽然江苏、浙江的数据基本上算是全口径了，但违法建筑，也就是所谓的小产权房，肯定仍未列入统计。即便不考虑违法建筑（小产权房），江苏一个省一年就新增各类住宅 4.8 亿平方米。如果按照江苏建筑量占全国 1/8 计算，那全国每年新增住宅量就是 38.4 亿平方米。未来 6 年下来，就是 230 亿平方米。假如这些住宅面积一半用来替补拆除的老建筑和改善原有居民生活条件，一半用来安置新进城的农民，这些新移民每人可以对应 115 平方米！

我们还可以换个算法。2013 年年底，中国城镇居民人口是 7.3 亿，如果到 2020 年实现了国家的目标，1 亿人进城，那么城镇总人口是 8.3

亿。仅仅在这6年中新增的住宅面积，就可以给全国每个城镇居民“分”27.7平方米。这里面没有计算小产权房。在很多城市，小产权房的开发面积非常惊人!

所以，江苏、浙江统计局的数据告诉我们，国家统计局的房屋施工面积、竣工面积的统计范围是非常有限的，掩盖了我国房屋开发量、供应量严重过剩的本质。而这个过剩，是非常夸张的过剩，远远超出了我们的想象。对于大多数城市来说，一场房地产的暴风雨将不可避免地到来。

这么庞大的空置房数量，可以解决2.5亿人口的住房需求，如果将这些住房通过法制和行政手段逼向市场，居者有其屋，原本就不是什么梦想。所以，中国住宅市场的实际状况是：严重的供过于求。但是，在地方政府以土地财政为根的经济建设和GDP的要求下，大部分主流媒体和经济学家成了他们的附庸，在民智尚且愚钝的情况下，把一种没有多少价值的消费品忽悠成可以保值增值的投资品，这种忽悠对于如今中国这群暴富的人来说，是具有颠覆性的，也正是这群人主导了这个社会的生存模式和文化价值观，如果谁再说勤劳致富，都会被他们视为笑话。

联系到我们身边的微观经济，每个小区，几乎都有不少的空置房，它们的神秘主人都是谁?不是有权者，就是炒房者。

这种情况在经济制度稍微完善一点的国家是根本不会存在的，通常都征收空置税来加以遏制，但在中国，我们能去这么做吗?还是那句话，非不能也，而不为也，制定政策的就是既得利益集团，岂有自己的刀削自己的把的道理?

于是，这些空置的房屋犹如堰塞湖一般高悬在中国经济的头顶上，亟待国家拿出有效办法来排除险情。我们必须看到，房屋空置不仅导致整个社会资源闲置，财富浪费，而且更为关键的是，国家金融风险由此进一步放大，最终导致经济结构无法调整，整个社会动荡不安。房地产绑架中国经济绝不是危言耸听！

很多专家都坦言，中国房地产已陷入困局，诚可谓“天公无语对枯棋”。普天之下，率土之滨，各级政府、房地产商无不紧盯着疯狂的房地产来创造政绩，牟取暴利；而能够囤积的房产，无不被有钱有权者囤积居奇，待价而沽。这种局面显然是极其危险的。

当权力把一种普遍的消费资源定义为投资属性时，这是一件很危险的事情。实际上，它提供了地方政府继续渔利土地财政的噱头，地方政府希望房价永远涨，这样地皮就卖得好，大规模的基建融资投资担保才有貌似强大的后盾。但是，这一切都是有限度的。当住房市场严重的供过于求时，即便你拿土地红线来继续营造一种住房用地多么紧张的假象，也为时已晚。因为，民智总是在不断被忽悠中成长。如果一个人总喊狼来了，大家会觉着那个人应该是个傻子。

中国正在经历全国性的城市房地产价格泡沫。大量空置房不是价格泡沫，而是数量泡沫。数量泡沫比价格泡沫少见，而且持续时间不长。供应量增大通常会起到压低价格的作用，尽管货币注入房市在供应量增大的时候也能维持价格。价格泡沫和数量泡沫可以同时增大。比如，南非在 20 世纪 90 年代的数量——价格泡沫就持续了数年。当所有币种都和美元挂钩的时候，货币环境在美国的影响下会趋于宽松，进一步促进泡沫的成长。城市扩张非常轻松的情况下，高房价当然会引起供应量的增大。资金流入刺激投机性需求。一旦美国紧缩货币政策，就会导致市场崩溃并且引起亚洲经济危机。美国房市刚刚经历过的主要就是价格泡沫。

中国房地产市场泡沫何时破灭仍需时间检验，但中国部分城市的房地产市场出现空置率危机却是不争的事实，作为房地产泡沫的“终极产物”，“鬼城”危机正在三线、四线城市蔓延——内蒙古鄂尔多斯及二连浩特、江苏常州、湖北十堰等均在名单之列。

商业内幕网站报告称，这是房地产泡沫显而易见的标志：整座城市的街道空空荡荡，政府大楼宏伟壮观，有些城市甚至建在完全不适合人居住的不毛之地，简直就是当代的金字塔。按照每年新增10座城市的速度，名单肯定会越来越长。

在危机时期，计划经济模式变得更具吸引力。自美国陷入金融危机以来，波及了世界大部分地区，很多人认为中国的经济模式有其合理之处。但是，中国的经济模式会导致不良投资大量积累，而不良投资最集中的领域在房地产市场。

泡沫破裂的一个预兆就是全中国遍布着大量的空置房，据2013年3月全美房地产经纪人协会公布的数据，美国的住房空置率为4%，即约有250万套的空置住房。而据北京市公安局人口管理中心的数据显示，2012年上半年的空置住房大约有381万套。

吉姆·查诺斯对中国的房地产是看跌的："这个史诗般的房地产泡沫和建筑泡沫会在某个点结束，它不会是愉快的。"

中国房地产市场存在泡沫是有目共睹的，争论在于泡沫何时会破灭？而因为政策干预以及政府能够调用庞大的金融资源，泡沫破灭的时机要比预想得晚。

中国已为10亿人口建立了30亿平方米的办公空间，足以为每个人提供一间标准的私人办公室。根据Pivot资本管理公司的数据，在一些可容纳100万人的"鬼城"里，建造着世界上最大的购物中心，但是却有95%的空置率。固定资本的投资已经超过GDP的50%以上，超过日本在20世纪80年代末、"亚洲四小龙"在20世纪90年代中期以及随后的危机高峰的水平。这种狂热已经像病毒一样蔓延并超越国界，中国内地人民的购买力也推动了其他地区的房地产价格。在中国香港，一个140坪（约合460平方米）的公寓能卖出3700万美元的高价，高于纽约市房地产泡沫时期的最高价。

如今，违法用地的大多是地方政府和开发商的联手之作（或明或暗），地方政府之所以屡屡拿中国土地红线说事，无非是让无知的老百姓为高房价和高地价继续或永远埋单，这与历朝历代征收的各种赋税又有多少本质区别呢？我们单以北京为例，如果政府把北京 4 环到 5 环之间的土地，免费用作住房用地，可以解决至少 2000 万～2500 万人的住房问题，是另一个北京城。由此而知，其他城市呢？所以，在中国，住房用地紧张，这永远是一个类似于“皇帝的新装”的谎言，它护佑的是什么？是地方政府的土地财政，是腐败官员的洗钱天堂。

房价必然下跌的 16 个理由

近两年来，关于中国是否存在房地产泡沫的争论此起彼伏，而房价却保持持续上涨。其实，房价到底会涨还是会跌，首先要看说涨说跌的是谁。如果一些房地产商说涨，那等于没有说，因为卖房子的不可能说房子不好，更不可能说自己卖的东西价格会下跌。有些手里有房，甚至在炒房，或是不缺钱买房的人说房价涨，也不大可信，因为买房对他们而言不在话下，好等着房价上涨后没事偷着乐。

理由 1：价格由价值决定，同时受供求关系影响。上海房子的价值到底是多少不好判断，但是看看日本的例子，日本因为人多地少，所以举国上下认为日本的房子应该大涨特涨，结果在最高峰时，东京及周围三个地区的理论地价超过美国整个国家土地价值及在美国纽约证券交易所上市的所有公司的净资产值。在这样的气氛中，人不免狂热，失去应有的理智。所以恐怕不能因为上海的土地成本高就认为上海房子的价值就应该高达100000元/平方米以上，因为土地的价格并不代表价值。

理由2：前几年，因为住房分配货币化，原先不少人从单位以很低的价格买入产权房，再高价卖出，产生一个财富效应。这样购买能力增加，又有改善住房条件的需求，而这部分购买力最近几年正在集中释放之中，但这种低价买入公房、高价卖出的好事已经不存在了，所以这部分购买力一旦释放完毕，对房地产市场的推动力就会突然消失。

理由3：房地产市场与银行利率紧密相连。那个中国老太太辛苦了一辈子，终于积累了足够的钱买了一套房子，却没来得及享受就去世，而美国老太太早早住进好房子，在去世前还清所有贷款的故事广为流传。现在贷款买房是比较普遍的现象，房贷成为银行的优质资产。可是最近中国银行房贷总额大幅上涨的几年，正是中国连续降息，还贷压力不断下降的几年。现在的利率是改革开放以来最低的，一年期存款利率只有2.25%，而贷款利率不过5%多一点，但是20多年来中国平均一年期存款利率是4%左右，按现在的利差来算，平均贷款利率为7%左右。

而美国几十年来平均的住房贷款利率为8%～9%，如果贷款利率上涨到7%，还会有那么多人热衷于贷款买房吗？恐怕以前大量贷款买房的人倒是因为还贷压力太大而陷入财务泥潭。而且在世界各国，不同时期，总会是银行存款利率高于通货膨胀率，而现在的中国却相反，这本来就是反常的，利率迟早涨到物价涨幅之上，而且中国现在已经开始十年来的首次加息了。这样，未来几年不大可能再有持续的新的借助银行贷款的金融杠杆的住房购买力。李嘉诚说：房价上涨的时候不会死人，但房价下跌的时候却一定会死人。其重要原因之一就是每月银行的房贷还款都会如风刀霜剑一样严相逼。

理由4：中国极有可能以后会推行物业税。什么意思呢？就是国家把地皮免费给开发商，这样房子的价格就不包括土地，价格会大跌（现在房价中土地成本大约为40%）。当然地不是免费的，由购房者在30～50

年的时间内平均交纳。你想这样的政策一出，谁会去买那些包括地皮成本的房子呢？已经交了土地成本的房价还会这么高吗？而且二手房也不好卖出，因为大家都愿意买低价的不包括地皮成本的房子。这个政策我看一定会实行，美国等一些发达国家就是这样的。

理由5：根据中国的法律，业主不拥有住房土地的所有权，只有使用权，最多只有70年的使用权，也就是说，在70年后，土地使用权就结束了。至于是重新向国家缴纳土地使用权费还是以后就可以免费使用，或是由国家根据客观情况收回使用权，不得而知。可是70年总会过去，这一天总会到来。因为有关法律颁布不久，所以最早的商品房也离土地使用权期限尚远，可人们会越来越认识到这个问题。但是现在市场上决定房价的往往是交通、地段、环境等，从不考虑土地使用权期限，当人们开始普遍考虑这个问题时，土地使用权期限少的房价必然下跌，特别是房龄长的二手房。

理由6：不管是汇市，还是股市，或是期货市场，越是涨得最厉害的时候，就是快要见顶的时候。在1929年美国纽约股市大跌引发全世界经济危机之前，大涨特涨，交易火爆。楼市也是如此。而且这里有一个惯性定律，价值越大的商品，要涨起来就越困难，但一旦涨起来，就能持续较长时间。比如股票，如果是大盘股，市值100亿元，那么一般不容易涨起来，因为推动它要较多的资金，而一旦开始上涨，就不容易停住，不像市场上青菜的价格，一天可能三变，或如同女孩子的心思一样不可测。同样房地产市场因为资金密集，一旦上涨，会持续很长时间，但是一旦开始下跌的话，也是不容易回头的，比如香港，1997—2002年，长达五年，跌去60%。日本经济今年出现了复苏的迹象，但是房价再挫5%。

理由7：现在中国基本没有什么供不应求的，除非是一些垄断性的产品，因为现在社会资金充足，一旦某个行业利润率高，那么资金就会涌向这个行业，从而降低这个行业的利润率。马克思说，资本一旦有20%的利润，就会活跃起来，有50%的利润，就被到处使用——比如火柴，如果能有200%的利润率，那么产量很快就会大涨，利润率很快下跌，甚至为负，这时会有很多投资者不得不退出市场，这样逐渐利润率会上涨，最终与社会平均利润率相当。但是房地产这个行业为什么能持续几年兴旺而不见衰退呢？因为生产周期长。一个地方的火柴厂可能一个月内增加十倍，但是一个地方的在建房地产项目如果在一个月内增加一倍都是不大可能的“大跃进”了，而且需要的资金多，同时不正当竞争、不公平竞争情况严重。所以一时间这个行业的利润率不能很快下降，于是房价高。但是世界上任何事物都有其兴衰周期，生产周期再长也不是无限的，总会有这一天。冥王星围太阳转一圈的时间长不长？长，200多年，200年够长了吧？200多年一过，不就转回来了吗？人不可能长生不老，房价也终会下跌。

理由8：按最近几年房地产发展速度，远远大于GDP的增长速度，这样下去到2020年以前，中国房地产业的GDP会超过整个国家的GDP，这可能吗？所以增长速度一定会下降。

理由9：心理因素。毛泽东说：真理总掌握在少数人手里。现在到市场上问问买房人、卖房人、房地产中介公司，或是政府部门，房价会涨还是会跌，没有人心里有数，就是大家心里没有一个主见，所以一般的老百姓有一种买涨不买跌的心理。一看到报纸上报道有排队买房的，就心里着急，就激动，一看到自己当初想买结果没有买的房子涨价了，心里就后悔。这使我想起美国股神巴菲特经常讲的一个故事：一个石油商死后上了天堂，结果圣彼得说：“实在抱歉，我知道您在世时行为正派，做了很多善事，但是天堂里已经饱和，实在住不下人了。”这个石油商说：“不要紧，我有办法。”他对天堂的大门大喊一声：“地狱里发现石油啦！”马上从大门里跑出一大堆人，要赶到地狱去。圣彼得吃惊地看着这一切，说：“现在你可以进天堂了。”不料石油商说：“不，我想去地狱，说不定这个消息是真的呢。”

理由10：宣传作用。不用统计就可以认定，报纸、网络，说房价涨的远比说房价跌的多得多。为什么？广州某份售价为0.5元的报纸，每卖出一份，报社就能有1元的收入，公开的秘密就是因为有广告收入。一家报纸是不是会拿着房地产商的广告费，再大量刊登客观公允的认为房价会下跌的文章？相反，刊登一些认为房价会上涨、鼓励人们买房的文章，房地产商们却是支持的。

理由11：有人说，各地方政府不希望当地的房价下跌，所以房价不会跌。笑话，人家日本政府不比中国某一地方政府有钱吗？就是中国香港政府，也远比中国一些地方政府有钱。当日本与中国香港的房价持续下跌的时候，难道日本与中国香港政府希望房价下跌吗？也许有人会以为财政实力不如日本、中国香港政府的中国地方政府有力量做到日本、中国香港政府做不到的事情吧！但更重要的是，商品的价格涨跌是由经济规律决定的，不以人们的主观意志为转移。

理由12：有人以为，土地是不可再生的资源，所以从长期来看，房价总是上涨的。这句话当然是对的。其实股市从长期来看，也是上涨的，1929年纽约的股市大跌，到现在涨了不知多少倍了，可是在1930年的时候谁会去买股票？股市低迷的时候有多少人会去踊跃地买股票？哪怕大家知道股市长期肯定看涨的。1626年纽约曾被以价值24美元的廉价小玩意买下来，如果将那24美元用于投资，以8%的年利率计算，到1995年这24美元就会变成28万亿美元。如果把24美元存起来，到时也可以把曼哈顿重新买下来。如果有人在1950年时花1995年时的价格买下纽约，虽然再过200年，肯定大赚，可是当时却是亏损的。

理由13：关于收入与房价比。现在不少人，特别是能从房价上涨中获益的人喜欢对无知的人、犹豫的人说，现在中国香港的房价是多少，大陆离这个价格还差得很远，所以以后要大涨。可是香港一个做清扫的女工，一个月可以挣9000港币，而且香港这样的地方收入稳定，失业率低。所以看看收入与房价比，在香港房价最高的时候，也不过是14：1。以上海为例，一套80平方米的住房价格是人均可支配收入的27.54倍，而国外一套住房与人均可支配收入的倍数为：德国11.41、英国10.3、意大利8.61、法国7.68、美国6.43，连人均土地资源极度匮乏的日本，这个比例也不过是11.07。很多东西具有中国特色是有道理的，可是对于房价收入比，是不可能一直如此高的。

理由14：中国在未来几十年内有一件事是比较肯定的，就是中国的城市化，大量的农民会进城成为市民。可是如何完成这个任务？按现在中国农民的收入水平，刚刚达到小康水平，一旦家里有孩子上大学，就不得不节衣缩食或大量借贷，往往有的家庭因为有家庭成员生病，马上致贫，这种收入情况不可能在短期内改变，要让广大农民承担现在城市高企的房价岂非天方夜谭？所以要提高中国的城市化率，中国的房价长期来看一定要降低，让一般收入水平的人也能够买得起。

理由15：这两年来，因为房价持续上涨，所以大量资金为追求高利润涌入这个市场，买入后等待升值。在国际上有一个炒房比率的警戒线，大约为15%，超过这个比率就是比较危险的。可是据上海《解放日报》的抽样调查，接受调查的上海25个小区23694户居民，26.55%的购房者是把房子作为投资的，更大数量的居民购买新房以后把旧房出租，以房租支付新房贷款，其实这也是投资行为。投资买房的人在房产价格上涨的过程中，可以推动房价进一步上涨，同样，在房价见顶的时候，因为不再有赚大钱的预期，同时为了避免血本无归，必然大量抛售，这又会加速房价的下跌。在中国，温州人炒房团名扬大江南北，而在上海，更有其他中国内地跨省的投资者，还有海外投资者。上海的房子大约有40%是外来人买的，可是在一些国际化大城市，如纽约，也是由当地居民购买75%的房产。总之，投资买房的人越多，对房价的推动作用就越大，泡沫就越严重。

理由16：绝少有人对于未来有一个清晰、有根据又正确的判断，大多数人认为原来的趋势仍会按原来的方向和速度来发展。比如中国自从改革开放以来，经济持续增长，所以大多数人认为这个情况起码在二三十年内不会改变。房子近几年一直在涨，所以不少人认为还会涨下去。但实际情况并不会如此。

拐点现身，房价下跌

经过长时间的博弈，市场终于发生了剧烈的变化。从国家统计局2014年6月18日公布的数据来看，5月70个大中城市房价与此前相较呈现出明显变化。环比数据显示，5月70个大中城市中，新建商品住宅价格下降的城市有35个，持平的城市有20个，上涨的城市有15个。二手住宅环比价格下降的城市有35个，持平的城市有16个，上涨的城市有19个。5月房价环比变化很明显，即上涨的城市个数明显减少。

从最近一年来新建商品住宅价格环比变化的数据来看，2013年5月，70个大中城市中，房价环比下降的城市数量是3个，而环比上涨的城市数量是65个，环比上涨的城市数量明显较多。从2013年5月到2014年4月，新建商品住宅房价环比数据始终呈现出上涨城市数量明显多过下降城市数量的走势。从2013年5月到2014年1月，70个大中城市中房价环比上涨的城市数量一直保持在60个以上，而同期房价下降的城市数量一直保持在个位数。2014年4月，房价环比下降的城市数量相比之前的几个月有所增加，但仍只有 8 个，而环比上涨的城市有 44 个。然而，到了 2014 年 5 月，房价环比下降的城市数量突然大幅增加，多于房价环比上涨的城市数量。

深入分析数据，则可以进一步发现房价上涨的动能不足。新建商品住宅价格环比上涨的 15 个城市中，最高涨幅为 0.3%，比 4 月回落了 0.1 个百分点。新建商品住宅价格环比下降的 35 个城市中，最大降幅为 1.4%，比 4 月扩大 0.7 个百分点。这意味着，相比 4 月，5 月房价下降的势头明显。5 月新房和二手房价格环比下跌的城市数量已达到一半，这表明，经过 5 个月的市场博弈，楼市向下调整的趋势已基本确立。部分城市由于库存压力较大，加上近期市场预期不明，购房者持观望情绪，一些房企推出促销优惠，导致房价有所下降。

在 2014 年 5 月，沪广深这三个一线城市的新建商品住宅价格同时停止上涨。另一个一线城市北京，2014 年 5 月新建商品住宅的价格环比上涨了 0.2%，但与此同时，5 月北京二手住宅价格环比下降 0.9%，是统计的 70 个大中城市中二手住宅价格降幅最大的城市。北京二手房市场的走势更能真实反映市场的变化，因为北京一手房市场 5 月成交量小，而部分高价盘的入市很容易推高一手房的价格。5 月北京市场有多个高价项目入市，如单价每平方米 5 万元左右的臻园，部分房源已经签约。而在二手房市场，目前北京二手房许多房源都有议价空间；更有甚者，由于房子卖不出去，站在马路上卖房的中介员工比比皆是。2014 年 5 月一线、二线、三线城市房价环比同步下跌，二手房同样由涨转跌，市场整体步入降幅区间。

而在这波房价下降潮中，江浙一带的城市表现最为明显。在国家统计局统计的 70 个大中城市中，浙江、江苏两省有 8 个城市在统计之列，分别是杭州、南京、宁波、无锡、扬州、徐州、温州、金华。这 8 个城市之中，除了南京 5 月新建商品住宅价格环比上涨 0.2%、温州环比持平之外，其余6个城市房价全部出现环比下降。其中，杭州5月新建商品住宅价格环比下降1.4%，是70个城市房价环比降幅最大的城市；而温州5月新建商品住宅同比下降4.8%，是70个城市房价同比降幅最大的城市。此外，无锡5月新建商品住宅价格环比下降0.8%，其降幅在70个城市中排在第二，仅次于杭州；徐州5月新建商品住宅价格环比下降0.7%，其降幅在70个城市中排在第三。

换言之，2014年5月，房价环比降幅较大的前几个城市几乎都分布在江浙两省。这一轮房价调整与此前不同，并非政策主导的下降，而更多的是市场在自发调节。从楼市近10年的走势来看，一旦市场在库存和高房价压力下出现房价下降的趋势，其势头将很难逆转。在限购政策和信贷政策不发生逆转性变化的情况下，6月仍然保持现有下行曲线。2014年6月1—20日，北京、天津等15个典型城市新建商品住宅成交面积约387万平方米，环比减少约19%。6月和5月一样，信贷条件没有实质性的放宽，购房者依然选择观望；5月全国70个大中城市房价指数出现环比负增长，这会进一步延缓购房者的入市脚步。

在最近8年中，楼市出现较大调整的时机有两次，一次是2014年，一次是2008年。2008年，楼市在年初出现房价下调的趋势，随后进入持续调整，当年房价不断下调。到2008年8月时，国家统计局的数据显示，有3个城市的新建住房价格出现了同比下降，分别是深圳4.1%、广州3.3%和惠州0.4%。环比价格下降的城市有25个，其中降幅较大的城市主要包括：昆明3.1%、广州2.6%、大理1.2%、深圳1.1%和石家庄0.7%。对比来看，无论是环比还是同比，目前楼市的降幅远远比不上2008年8月，2014年5月楼市的降幅仅仅相当于2008年年初的市场情况。

2014年房地产市场调整的幅度，并不会比2008年更强烈，但比较煎熬。2014年三季度的成交情况取决于开发商的价格策略和首套房利率能

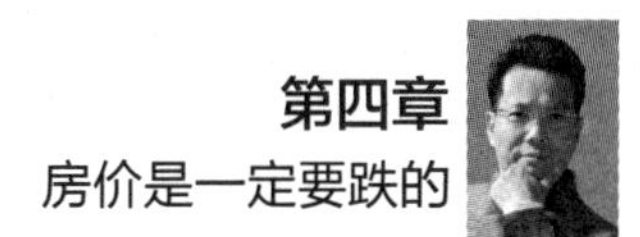

否回落。当前，开发商和二手房业主唯有尽快降价，现金为王。

当前房地产市场低迷，量价齐跌的态势为近几年来首次出现，房地产投资增速也罕见地低于固定资产投资增速。在此情况下，不少人寄望于救市政策来激活市场，但在供需关系趋于平衡、内外经济环境稳定的情况下，楼市调整期恐不会在短期内结束。从2013年年末开始，房地产市场调整就初现端倪，虽然2013年年初，我国曾出台调控楼市的“新国五条”，但就市场表现来看，该政策的效果并不明显。国内外经济形势相对稳定，由此可以得出，此轮房地产市场的异动并未受到宏观经济和政策环境的过多影响，而是市场自发调整的结果。

所谓的“自发调整”，主要体现在供需关系和价格等市场要素上。从供应端来看，经过多年的房地产投资高速增长，我国房屋供应量大大增加。尤其在土地财政和房地产经济的驱动下，不少城市出现供大于求的情况，近几年频繁被曝出的“空城”等现象，无一不是明证。数据显示，当前各大城市的库存量均比以往有明显提高。其中，武汉、青岛、长沙等热点城市的去化周期已超过20个月，而西安、杭州、天津的去化周期则超过两年，北京的库存也在近期突破8万套大关，为近两年的新高，市场过剩水平可见一斑。在需求端，由于产业配套不足、户籍门槛阻碍，使得城镇化进程偏慢，需求增速放缓。很多二三线城市表现出“人口净流出”，极大削减了购房需求。同时，随着市场调整的开始，不少购房者转为观望，进一步加剧了需求颓势。

价格因素同样成为市场调整的诱因，尤其在一线城市。近几年来，一线城市房价上涨迅速，去年的同比涨幅甚至一度超过20%，为有统计以来的首次。在房价长期背离居民购买力之后，成交量势必难以持续，价格也会出现明显回调。从上述情况不难看出，如今的房地产市场正处在自我纠偏的过程中。供需关系的平衡意味着，市场已经告别短缺时代，房地产业的高速增长也将随之终结。除非出现信贷政策的大规模放松和类似“四万亿投资”的刺激，否则这种趋势很难因零星的救市措施而发生改变。从行业内来看，整体供需关系趋于平衡，爆发式增长乏力；外部环境中，国内外经济形势相对稳定，出台货币刺激的可能性较小。

房价涨得太高了，一定是要跌的，就像股市一样，股价涨得太高了，就一定要跌下来的道理是一样的。如果我们不去调控，让其泡沫破裂跌下来，这会导致整个中国经济崩盘，发生经济危机，这是最糟糕的。

第五章　房地产泡沫的破灭必将引发中国经济崩盘

早在2008年世界性金融危机席卷全球之际，笔者上书中央，认为金融危机对中国来说不啻是最大商机，提出利用金融危机可使中国更快更早地成为世界第一强国的对策和“抄底世界，收购美国”的战略，并预言了4万亿元救市必将导致通货膨胀，而更为严重的是滞胀，即经济停滞和通货膨胀并行不悖。断言如果是这样，中国的金融危机不是不会到来，而是尚未到来，是滞后到来，也将由房地产泡沫的破灭而引发。不幸而被言中，不仅通货膨胀早已成为现实，滞胀也已显露端倪，房地产泡沫的破灭和中国经济的危机也似不可避免。

中国房地产泡沫一定会破灭

中国房地产究竟有没有泡沫，有几点衡量标准应该是全世界通用的：一是房价收入比；二是房地产投资与房价增长速度的关系；三是商品房的空置率。

对于房价收入比，国际惯例是6倍左右，房价应占到一个中产家庭年收入6倍左右较为适宜，而北京、上海等大城市早已超过了15倍以上。有问卷调查表明，在北京、上海一些大城市有90%以上的民众都认为房价过高，房地产绝对有泡沫，而这个泡沫是巨大的。

连续三年投资占 GDP 超过 45% 以上，而且投资和出口占了 GDP 的 70% 以上，这就说明中国内需是极其羸弱的，而房价泡沫却是全球最大。在全世界泡沫史上，一旦一个庞大国家的投资比例超过 45%，几乎无一例外地会遇到泡沫破灭，无论是 20 世纪 80 年代的拉美，还是 20 世纪 90 年代的日本甚至亚洲都是如此，这是逃不脱的，与政府的疯狂和人性的贪婪秉性相关，尤其是在炒作土地价格上，更是没有边际。顺便说一句，中国的房价泡沫完全是政府炒起来的，开发商和炒房客充当帮凶，一旦危机爆发，开发商就会整体破产，给泡沫陪葬。

空置率是个天文数字。全国到底有多少空城是无法去计算的，但是，一线城市空置住宅是摆在这里的，为什么不敢正视？想要捂住多久？仅仅北京一个城市就超过 380 多万套，上海住宅空置至少已经超过 500 万套，深圳、广州更是不会少。开征房产税吗？影响经济增长不说，还会导致房地产崩盘；不开征房产税，这些空城空房子需要多少货币才能维持？这笔账是很好算的。尽管持有成本不大，但是，积压的资金都是死钱，根本流动不起来。现在已经到了极限。钱荒的出现，是一个主要原因，当然，也包括政府投资的烂账坏账。

除此之外，货币超发和汇率下跌也是导致房地产泡沫的重要因素。而货币超发和汇率下跌又是由以下三种情况引起的：一是投资，二是出口，三是国际热钱的涌入。因为中国经济是以投资和出口为导向的，投资和出口是拉动 GDP 增长的两驾马车。为了保证 GDP 的高速增长，就要加大投资力度，而加大投资力度的通常做法是人民银行加印更多的钞票，通过调低商业银行存贷款利率和降低人民银行存款准备金率，将这些增发的货币放出去，最典型的做法就是 4 万亿元投资。滥发货币必然会引发货币贬值，而货币贬值必然引发房价上涨，作为资产的房价上涨幅度取决于货币贬值的程度。为了保证 GDP 的高速增长，就要加大出口创汇的力度，企业在出口创汇中赚来的外汇中央银行要收走，把人民币兑换给企业，增发的货币又通过这条渠道放出去了，同理，钱多了物价就要上涨，所以，外汇占款也是推动房价上涨的重要资金来源，而外汇占款取决于外汇储备的增加，外汇储备数额越大，房价上涨幅度就越大。国际热钱的涌入也要兑换成人民币，同样会增加人民币的流通量，从而推高房价。

从经济规律来讲，这两种资金来源都是短暂的，一是在滥发货币不能拉动经济增长后，二是外汇储备不能增加后，在这两种成为趋势后，房价泡沫破灭，央行回收货币，以填补外汇占款的欠款或者维护人民币汇率。从这个规律来说，房价泡沫出现在人民币汇率下跌的时候，只要人民币大跌，中国房地产就会出现崩盘，这是逃不脱的宿命。

如果中国如果继续封关锁国那就不会有多大的问题，顶多是内部出现剧烈动荡而已，而我们现在已经加入关贸总协定，重新走老路不可能，往前走只有一条路那就是泡沫破灭，因为国际资本从流入中国迅速转换到出逃中国，必然会刺破经济泡沫。

中国的货币在短期内巨幅贬值是全球经济史上极为罕见的。从 2009 年央行印钞开始，人民币实际购买力急剧下降，中国的 CPI（居民消费价格指数）一直是虚假的，无论是房价还是其他商品都在涨价通道，包括水电油气，人民币对内一直在出现巨幅贬值。现在的 100 万元人民币实际购买力不如 30 年前的 1 万元，与五年前相比实际购买力下降了 300%，这是不争的事实，这在拉美和亚洲各国都是前所未见，苏联在崩溃前都不是这么巨幅印钞的。

中国的物价在全球来看也是非常高的。我们口口声声全球化，一辆普通宝马 3 系车，在世界上只值 3 万美元，在中国 38 万元人民币，相当于 6 万美元，合理吗？在纽约 100 万美元可以买一栋大别墅，而在北京 100 万美元只能买一套 100 平方米的鸽子笼，还要天天呼吸有毒空气，喝有毒的水，吃天价水果和蔬菜，这又是什么原因？资金炒作土地价格却受到政府鼓励和银行支持，这又是什么原因？日本房价泡沫破灭时，日本的贫富差距是全球最低的，而当今中国的贫富差距却是全球最高的。

这种通胀除了战争年代，在和平时期只有一个状态下才会出现，那就是政府已经耗空了国库的时候。2008 年，中国处在又穷经济又严重衰退的时候，财政赤字首次超过 1 万亿元，奥运、基建、腐败等因素耗尽民财，穷奢极侈的现象遍及各级政府，大面积失业，社会动荡，民不聊生就不可避免。这个时候，本来是中国实行转型的良好时机，然而，决策层反其道而行之，以印钞的手段来填补国库的巨额耗空，实行更大规模的全国性的投资大跃进，以此来遮掩掠夺民财的事实，以小泡沫掩盖大泡沫，僵尸企业到处都是。

这不是疯狂是什么？有谁见过这样的货币巨幅贬值吗？中国的房价就算是这五年涨了两倍，而货币贬值了 300% 以上，这样的房价是什么房价？说穿了，就是一个大泡沫，只不过这个泡沫是政府制造的，这才是最大的不同。

中国房地产价值已经超过 GDP 的 400%，而中国的 GDP 本身是有水分的，按照实际 GDP 来算，房地产价值可能已经超过 GDP 的 500%，甚至是 600%，这是很恐怖的事。在拉美泡沫时巴西这个数据只有 260%，日本房价泡沫当时是最大的也没有超过 300%，东京房价跌去 80%。中国处处是鬼城，遍地是空房子，这样的房子还有什么价值？美国人在笑我们，说中国富人手持 13 万亿美元，正在满世界买房子。这说明了什么？明明是人民币发毛了，却对美元仍然在实行单边升值，导致出口企业一批一批走向倒闭，这样下去，实业都要关门，泡沫拿什么来支撑？这是一个尽人皆知的问题。

2009 年印钞以来，中国就开始把土地当作资产炒作，他们的步骤是：滥发货币—央企做地王—拉抬地价—刺激房价上涨—全民买房—泡沫泛滥—泡沫破灭—收回货币—将两代人的财富斩尽杀绝。也就是说，这完

全是一个对全民的金融战略，而不是什么解决住房问题。所有的需求都是货币创造出来的，而不是什么城市居民收入增长带来的，这种财富是短暂的，不是长久的。

中国房价泡沫是人类经济史上最大的泡沫，本轮泡沫的发生是货币推动的，也就是说是无限量的货币发行推动了房价上涨，而最后的破灭一定是人民币汇率的崩盘，中国房价泡沫彻底破灭，中国房地产彻底崩盘，中国最大的危机也正在这里。

那么，什么情况下人民币会下跌呢？道理很简单，美元出逃后，中国外贸出现逆差，出口企业倒闭严重，无论如何护不住汇率的时候。这种房价泡沫是天生就注定会破灭的，不会长久。

这是一场历史的大变革，也是全民财富的大洗牌，穷者恒穷，富者更富，自此衍生。官二代、富二代公开掠夺全民财富占为私有，其疯狂的程度亘古未有。这段历史完全是倒行逆施。现在来看，无论如何纠正，都无法掩盖其恶行。也就是在这段时期，钞票印发量扩大到极致，房价泡沫、债务泡沫和产能过剩泡沫放大到极致，终会不治。用多了激素必然会脱阳而死，这是人的生理特性决定的，在经济上也是一样，依赖货币打激素才能拉动经济增长只能是一时而不能长远的道理是谁都懂的，可偏偏决策层就是不懂，以为经济增长是一部永动机，可以永远动个不停。这是完全违背任何规律的，也是不可能的。仅仅只是从数据上看，中国房价泡沫已经很大，一旦崩溃，房价将一泻千里。

中国撑得住房价泡沫吗？回答是：不！天亮之前，往往是最黑暗的时候。提高二套房首付和利率，二手房征收20%所得税。这个政策如同限购一样幼稚可笑，只能延缓泡沫破灭的时间，而不能阻止泡沫的破灭。这次全球资产泡沫大破灭，中国的经济泡沫也将彻底破灭，根本挡不住。

房地产泡沫的破灭必将引发中国经济崩盘

十八大以来，新一届领导班子高调反腐，反腐呈现高压态势，反腐力度空前。特别是推行官员财产公开制度，导致抛盘潮发生，一些官员闻风后在北京、上海等城市开始抛盘，坊间疯传中纪委向中央通报“反腐败斗争工作的新动向”，并称 2012 年 11 月中旬以来，内地 45 个大中城市出现一股抛售豪华住宅、别墅等新动向。2012 年 12 月以来，抛售豪华住宅、别墅等情况继续扩大，更改物业业主情况数以百倍上升，且部分业主为国家公职人员和国有企业高层。北京、上海、深圳二手房成交量暴涨数倍。显然，是有大量资金在出逃。拉高出货，一向是大资金的拿手好戏。但是，手法如此凶悍实在不多见。当年高盛出逃国际原油时，首席分析师默提发布报告，原油价格要突破 200 美元，报告发布当天国际原油价格是 132 美元，三天后，也就是 2008 年 7 月 11 日，国际原油价格达到 147 美元，也就是用三个交易日，高盛抛空了所有的国际原油，随后，国际原油价格一路下跌，跌倒 36 美元。从此开始，再也没有出现过 147 美元的价格。同样，黄金炒作在黄金分析师的怂恿下，黄金价格一路飙升到 1848 美元时，许多财经名人纷纷唱多黄金，有的说：2800 美元是眼前的高度，意思是马上就可以到；有的说黄金至少涨到 5000 美元，结果，刚刚摸上 1900 美元，并向 1920 美元冲刺时，黄金突然狂跌，从 1920 美元直接跌倒 1535 美元。黄金多头血流成河，全体爆仓，只是还不死心。不管是多头，还是空头，没有人知道这幕后的推手究竟是谁。

本次房价炒作从北京开始，受影响最大的是上海、广州和深圳，为

什么？因为他们明明知道全国房价进入下行通道，各大城市房价泡沫一个接着一个在破灭，炒作其他的城市根本无用，干脆集中资金炒作一线城市，因为一线城市稳定了，他们心态就稳定，就还能骗人投机买房。为了保证投机资金不至于枯竭，央行在11月中旬后加大发钞，为楼市投机提供流动性。

各种唱多的声音充斥楼市，诱惑很多不明真相的人冲杀进去，很多刚刚入市的人恐惧房价泡沫破灭，也一起来唱多，什么一夜涨价70万元，什么去年2万元现在2.3万元，都是这么胡吹出来的。很多无辜的人也冲进北京疯狂的楼市之中。每一次战役，总会有些炮灰。拿破仑滑铁卢战役前夕，曾经派出一支军队和得力的将领，让他们在规定的时间赶到滑铁卢，但是，有一位将领在临赴滑铁卢前一定要看见滑铁卢方向出现大的战役才下达命令，无论手下将领怎么积极请战都不发布命令，原因是只有零星炮声，不像是大的战役。最后是除他以外的将领全部请战，他仍然不出兵。直到最后，他晚到两分钟，拿破仑就不再是皇帝了。拿破仑原本是拿他当炮灰，最后自己成为炮灰。打仗是这样，在资本市场也是如此。

人的贪欲是无法遏制的，没有真正的官员财产登记制度，很多官员是不可能抛售住宅的，这叫作不见棺材不掉泪。所以，房价还会僵持。但是，中国房价终将会出现断崖式下跌的一天，这是不可抗拒的。中国一线城市的房价都是投机炒作的结果，泡沫巨大，很难说会降到什么位置。

中国房地产泡沫越来越大，如果这个泡沫破灭，必将引发中国经济崩盘。房地产泡沫破灭，中国经济“硬着陆”，而非“软着陆”，中国经济将无法平稳渡过转型期，最终导致整个经济崩溃。正如一位美国经济学家所担心的：中国的房地产泡沫，是迪拜的2000倍，假如房地产泡沫破裂，会有什么严重的后果？

首先，在我国经济转型尚未成功完成之时，房地产行业的萎靡不振引发的房地产投资剧烈下滑将会直接导致与其相关的几十个行业丧失增长的动力。更因为政府和银行收紧银根，地产商资金链紧绷，而地产商已把上游包括建材、施工等各个行业的资金转移到自己手上，一旦最终资金链条断裂，这种多米诺骨牌式的崩溃势必会席卷这条链条之上的所有行业。

其次，整个地产行业的景气程度与地方财政卖地收入息息相关，地产行业若雪崩，无异会把严重依靠卖地财政收入的地方政府拖入深渊。当地方政府丧失其掌控的经济资源之时，原有的政府主导经济活动也必将陷入停滞，相关行业随即进入萧条。

最后，房地产价格泡沫的破灭，会带来居民财富感的消失，使得我国内需消费受到严重压制，致使我国经济难以转型。总之，基于以上的考虑，房价一旦持续大规模下跌，所有人都会成为输家。

提到房地产泡沫，不由得让人想起 20 世纪 90 年代初房地产泡沫破灭后的情形。当时，海南省的房地产烂摊子，由于泡沫累积过多，突然破灭。1992 年，邓小平发表南行讲话后，总人数不过 160 万的海南省竟然出现了 2 万多家房地产公司（平均每 80 个人一家房地产公司），其中的绝大部分公司是炒地皮，玩击鼓传花的游戏。1993 年年初，海南全省房地产投资占固定资产投资总额的一半，仅海口一地的房地产开发面积就达 800 万平方米，地价由 1991 年的十几万元/亩一直飙升到 600 多万元/亩。

1993 年 6 月 23 日，时任国务院副总理的朱镕基发表讲话，宣布中止房地产公司上市、全面控制银行资金进入房地产业。第二天，国务院发布《关于当前经济情况和加强宏观调控意见》，严格控制信贷总规模，提高存贷利率和国债利率，限期收回违章拆借资金，削减基建投资，清理所有在建项目。房地产热被釜底抽薪，泡沫迅速破灭。

据报道，当时海南省“烂尾楼”高达600多栋、1600多万平方米，闲置土地18834公顷，积压资金800亿元，仅四大国有商业银行的坏账就高达300亿元。占全国0.6%总人口的海南省积压的商品房，竟然占全国的10%。从1999年开始，海南省用了整整七年的时间，处置积压房的工作才基本结束。截至2006年10月，全省累计处置闲置建设用地23353.87公顷，占闲置总量的98.17%，处置积压商品房444.82万平方米，占积压总量的97.6%。从2006年下半年开始，元气大伤的海南房地产也开始出现缓慢的恢复性增长，但总成交量仍然有限。

所以，楼市泡沫一旦破裂后对中国经济的危害是非常巨大的，当年海南省房地产泡沫破灭后的危害只是现在中国一线城市楼市泡沫的一个缩影。房地产泡沫破灭后，房价出现下跌，需求急剧下降，房价再继续下跌，形成恶性循环。购房者多数高价按揭，房子成了负资产，很多人会抛房，银行接收的是贬值的房产，这就会冲击整个金融体系。尽管现在即使国内各商业银行通过了银监会的房贷压力测试，都表示即使房价跌30%也能杠得住，这只是一个幻想。从目前国内房地产情况看，基本上把整个风险都转移到国内银行体系之上，无论是房地产业还是个人消费信贷都是如此，这就孕育了很大的金融风险。房地产泡沫破灭，最后承担者只能是国内各银行，不过国内各大银行现在都已成为上市公司，最后承担风险的还会有股民。

还有，房地产是个很长的产业链，它的上游是建筑材料、钢铁、煤电、运输行业，房地产泡沫破灭，整个产业生产过剩，经济趋于萧条。因此，房地产泡沫带来的危害不仅仅限于行业的本身，而且影响到其他许多行业。如果国内房地产崩盘，整个国家经济都可能发生危机。

面对房地产泡沫可有化解之药？尽管目前决策层对遏制房地产泡沫过度增长采取了一系列的调控措施，但这只是防止了泡沫的继续吹大，而过去两年房地产泡沫所留下的后遗症却很难消除。其实化解房地产泡沫最好的办法就是不让其真正成为危害经济的泡沫，危止于未萌，可惜我们错过了2008年房地产调控这一历史性契机。

从美国次贷危机看中国房地产泡沫

2007年4月，美国第二大次级抵押贷款公司——新世纪金融公司申请破产保护，引起了华尔街的恐慌，美国次贷危机爆发。此后，次贷危机愈演愈烈，引起全球金融市场大动荡，对冲基金被迫清盘，众多商业银行、国际知名金融机构相继发生巨额亏损，甚至破产，全球股市暴跌。危机进一步蔓延，迅速从金融市场冲击到实体经济，导致全球性的经济危机。

一般来讲，美国房地产贷款体系共分3类：优质贷款市场、次优级贷款市场与次级贷款市场。第一类贷款市场面向信用额度等级较高、收入稳定可靠的优质客户，第三类贷款市场是面向收入证明缺失、负债较重的客户，因信用要求程度不高，其贷款利率比一般抵押贷款高出2%～3%，其业务量曾一度占到美国整体房贷市场比重的20%，其特点为：利润最高，风险也最大。出现问题的市场就是投资者认为“高风险、高收益”的第三类贷款市场。

美国的次贷市场从2007年3月开始就广受关注，已有人提醒可能会有金融危机来临，但大多数人对此置若罔闻。危机爆发后，率先横扫了美国市场，继续沿着全球资本流动途径扩张。欧洲、日本、澳大利亚等很多发达国家和地区的资本市场陆续受到冲击，而新兴市场在这场危机中也难逃一劫。随着金融危机向全球波及，全球各大央行纷纷开始动作，不断注入巨资稳定本国金融体系。

美国的次贷危机从根本上说是由美国房地产泡沫引起的，由于房地产泡沫的破裂，让美国房贷呆账金额不断攀升，2007 年年初更是出现房地产泡沫扩散的迹象，房价不断下跌，房价下跌对次级房贷市场的客户影响最大，那些信用不佳的用户纷纷停止还贷，使次贷证券在市场上急剧贬值。3 月 5 日，新世纪金融公司股价的 68.87% 在几天内蒸发。4 月 14 日，新世纪金融公司申请了破产保护，在其后的短短数月间，新世纪金融公司的股价就由 30 美元跌至 1 美元，投资人损失近 10 亿美元。

美国次贷危机通过不同的途径迅速向全球传播，这对国际金融市场的流动性带来了严重的威胁。世界各国均有金融机构投资于美国次贷市场，其投资损失带来的流动性不足导致市场自发进入紧缩状态，严重干扰了各国的宏观经济运行。次贷风波不仅引起了美国股市的数次急挫下行，更带来了全球股市大幅震荡。3 月 14 日，处于对美国次贷危机的担心让俄罗斯股市缩水 2%，除了中国股市一枝独秀外，其他国家的股市市值蒸发均超过了 2%。进入 8 月，随着澳大利亚、法国等国家相继宣布卷入美国次贷风波，全球股指又相继暴跌。另一条传播途径是期货市场，由于公众对于美国次贷风波带来的美国经济衰退感到悲观，原油期货和黄金期货价格均大幅跳水。最为严重的是次贷危机波及了全球信贷市场的信心。8 月 6 日，美国第十大抵押贷款机构——美国住房抵押贷款投资公司正式向法院申请破产保护，成为继新世纪金融公司之后美国又一家申请破产的大型抵押贷款机构，而这家公司并非次级抵押贷款商，表明美国的房贷违约现象已向信用等级较高的优质房贷客户蔓延。美国次贷危机作为一条危险的导火索已经到了引发全面金融危机的边缘。

由于美国次贷风波引发世界主要国家央行的关注，欧盟和日本的中央银行分别向金融系统注入巨额资金，以缓解流动性问题并稳定信贷市场。8 月 9 日，欧洲央行采取紧急行动，向欧元区金融系统提供 948 亿欧元的巨额低息贷款。同一天，美国联邦储备委员会下属的纽约联邦储备银行也增加了240亿美元的临时准备金。10日，日本央行也决定向金融系统注入1万亿日元的资金，以缓解信用紧缩问题。各国央行的迅速干预为美国次贷风波的解决创造了良好的条件，但各国过度干预市场的政府行为也引发了捍卫自由金融市场人士的担心。

各界对于房地产泡沫形成原因的分析多种多样，归根结底，房地产泡沫的形成在于投资者对房地产未来价格的非理性预期和随之而产生的投机行为。

投资者对房地产未来价格的非理性预期：经济泡沫来源于人们的投机驱动，是基于人们对未来某个产业或区域经济发展的良好预期而集中进行货币投资，并造成资产价格严重脱离实体价值的一种现象。经济学中的预期本质上是对同当前决策有关的经济变量的未来值的预测。在泡沫形成与崩溃阶段，经济主体的预期方式有两个明显的特点：一是同质预期，经济主体对资产价格走向具有共同预期，一大批人对于房地产价格的涨跌方向看法相同，对资产价格看涨的共同预期是形成泡沫的基础；二是需求预期与价格预期的正反馈，一般情况下，价格上升，需求会下降，但在投机泡沫形成时，预期价格越高，投机者预期的资本收益率会越大，因而需求量反而增加了，这和我们现实中看到的情况相同。因此，房地产价格在人们未来的预期中也会不断上升。

随着非理性预期而产生的投机行为：对房地产未来价格的非理性预期造成投资者对未来房地产投资高回报的遐想，于是，过多的货币资本在虚拟的高回报率甚至暴利的刺激下，投入到有限的土地买卖中，推动地价不断上涨，导致房地产价格不断攀升；不断上涨的房价使得先期进入房地产业的投资者获取了暴利，在暴利的诱使下，新的投资者携带大量的资金进入到房地产中来，以期获得比其他行业更高的投资回报，新一轮的炒作又开始，投资性需求的“聚堆效应”突出地显露出来。房价伴随着地价不断再创新高，最后导致房地产经济泡沫的产生。

研究美国的经验有着以下的重要的意义：

第一，房地产市场的繁荣似乎是一种全球现象。有很多证据表明，1997 年以来，房地产市场的繁荣在许多国家发生。除了美国以外，英国、法国、瑞典、西班牙、澳大利亚等发达经济体都在差不多的时间段内出现了类似的繁荣；发展中国家中，南非、印度、俄罗斯、韩国等国家的房价也出现了惊人的上涨。不管巧合与否，中国这一轮房地产的上升周期的开始也只比美国晚了一年。

第二，美国经济对全球乃至中国经济的影响重大。作为全球最大的经济体，美国经济对中国经济（尤其是贸易顺差）的影响重大。越来越多的证据表明，美国房地产泡沫的破灭和引发的次贷危机将严重地影响美国家庭的消费意愿，美国经济似乎又一次站在了衰退悬崖的边缘。

第三，即使考虑到房地产市场的区域性特征，退一步讲，从吸取经验教训的角度上看，我们相信美国次贷危机的成因和补救措施都会对中国的货币管理当局产生重要的影响，甚至于对后者的政策决定也会有所作用。

这种新的平衡方式带来的第一个后果是，对美国呈现长期贸易顺差的国家和地区，都出现过由于外汇储备大幅增长引发的国内资产价格泡沫。在 20 世纪 80 年代末期，日本和中国台湾曾经累积了大量的贸易顺差，结果引发国内的股市和房地产泡沫。亚洲金融危机之后，轮到中国和韩国来扮演对美出口国的角色了。这恰恰为最近几年中国和韩国的房地产市场同时出现了罕见的繁荣提供了最准确的解释。

为了缓解本国货币的升值压力，接下来这些外汇储备剧增的国家又重新用这些美元去购买美元的资产，实际上是为美国的企业和部门提供了融资。实际上，美国的房地产市场的繁荣正受惠于此。

罗伯特·席勒说：“在深圳、上海以及其他中国主要的城市，人们在买房，这样房子的价格实际上是数倍于他们的年收入的，不知道具体的比例是多少。我们在加州用电脑分析房价和收入比，看到的数字是 8 倍和 10 倍，我们就觉得太高了。如果是 8 倍，就要花 8 年的总收入买房。”

2009 年，罗伯特·席勒到上海，在接受媒体采访时表示，“早前听说过上海的房价，基本上是一个普通人一年收入的一百倍，也就是说，他要工作一百年才能用他的全部收入买一套房子。既然这样，他为什么还要买这个房子？答案是他预期房价还会上升。人是有投机心理的，他觉得以后房子肯定还会涨，但是我觉得这肯定是非理性的。”

2011 年，在世界经济论坛上，席勒接受中国媒体采访时再次谈到房地产问题，并直言中国房地产存在泡沫。他说：“美国房价仍在下跌，我很担心它会跌到什么时候。家庭负债率仍然非常高，很多人失去自己的房屋，或因更换工作而转移到其他城市。与此同时，美国负债率已经上升到前所未有的高水平，这样人们担心，政府是否还有能力推出新的刺激政策。中国房地产现在泡沫严重，如果和美国一样泡沫破裂的话，这将会对中国经济产生打击。”

近些年来，随着我国经济的快速发展，房地产业和房地产金融市场得到蓬勃发展。但同时，房地产金融中所蕴含的风险也与日俱增，对其健康发展构成了巨大威胁。次贷危机的爆发，给我们提供了一次学习借鉴的机会。通过对次贷危机的分析，可以使我们从中得到很多启示，有利于更好地开展房地产金融风险防范工作，以保证我国房地产金融的稳定健康发展。

如果进行一下比较，很容易得出中国房贷市场与美国次级贷市场的相似性：对客户真实收入情况缺乏分辨力和监控力；随着国内经济的发展放缓，客户还款压力增大，“优质贷款”有变质的可能；房价已经涨了十多年，有可能出现“拐点”……这些情况，足以警示银行未雨绸缪，加强风险管理；防止出现所谓“类次贷危机”。

应该采取有效措施让房价软着陆

我们再来看看亚洲一些国家和地区房地产泡沫破灭后的惨状。

近年来，越南楼市遭遇“寒冬”，成亚洲房租下跌最快国家。目前，越南首都河内B级写字楼租金近3年来跌幅达39%。但即便跌势如此惨重，仍无法吸引有潜力的商家，今年出租率已经跌破了80%。通胀不断走高，经济增长率下行，地产造成的坏账大幅度上升，越南房地产泡沫已然破灭，埋单年代正在走来。

越南总理阮晋勇表示，越南将致力于重组金融体系，尤其是对银行系统的改革。阮晋勇释放的信号是：越南金融产业在经济和房地产泡沫的“拖累”下已经难以支撑下去，越南经济存在崩盘迹象。

2008年的越南金融风波没有成为引发亚洲金融危机的导火索，但祸根却在那时已经埋下。早在那时越南楼市已经面临破裂边缘，这些年只是通过滥发货币吊着“一口气”。

越南将大量的钱砸向房地产，房地产贷款达到了97亿美元，占GDP 10%。在房地产泡沫破灭后，银行的坏账几乎日新月异，官方公布的数字是6.6%，惠誉国际认为这个数字仅仅是真实坏账的1/3。

当前，越南经济发展严重失衡，在经济增长率大幅下跌的同时，通货膨胀疯狂上涨，越南经济有崩盘的迹象。通胀不断升高，信贷增长率高得令人咂舌，超大比例贷款流向了房地产领域，经济增长率下行，随着情势发展，越南将变得更加危险。

看看越南的房地产泡沫，中国何尝不是如此？

20世纪90年代日本房地产泡沫破灭时的惨状，至今余威还在。日本房地产市场泡沫的直接原因是日元升值和基础货币过多，房地产价格急速攀升，在1985年该泡沫就已经相当严重，加上后来5年的一系列错误政策，导致泡沫破灭，使日本经济和房地产陷入了长达14年的萧条和低迷。

亚洲金融危机引发香港房地产市场泡沫破灭。香港社会暴露出一系列的经济问题，如财政赤字、负资产、通货紧缩和失业率等，使得香港经济命脉严重受损。

亚洲金融危机不但影响香港股市和楼市，而且使东南亚各国房地产泡沫彻底破灭，并导致各国经济陷入长时间的严重衰退。

确实，楼市崩盘会导致社会经济发展受损，于国于民不利。通过海外各国和各地区的实践证明，房地产市场泡沫的破灭，会产生严重的影响，如经济衰退、财政赤字、负资产、失业率等。这是各国各届政府所不愿看到和接受的。也许有人会说，政府不会让房地产市场崩盘的，政府必定会采取相应措施，避免房地产市场泡沫破灭的发生，因为房地产市场价格下滑，导致泡沫破灭、崩盘的后果是很严重的。

首先，经济发展会受严重影响。房地产市场目前是我国政府国民经济的支柱之一，发展房地产市场，带动相关行业的发展，有利于国民经济的发展。同时，增加政府财政收入，比如土地拍卖收入、房地产市场的税收收入等。从这方面来讲，政府不愿泡沫破灭。

其次，会产生社会不稳定因素。房地产市场泡沫破灭、楼市崩盘，除了危害经济发展之外，还会给社会发展带来不利的影响，进而影响国家的发展。经济长期低迷、衰退，将出现通货紧缩，失业率增加，导致人民收入减少，生活水平下降，进而引发一系列社会问题，于社会发展不利。

另外，房地产市场泡沫破灭也不利于政府政治体制改革与发展。房地产市场泡沫破灭影响经济、社会发展，进而影响上层建筑的建设。

综上所述，政府不会放任房地产市场泡沫破灭，最后导致崩盘。

尽管分析得很有道理，但是，房地产行业泡沫的破灭并不是一个政府就可以阻止的。

既然房价是一定要跌的，那么，怎么办？是等待泡沫破灭，让其被动地跌下来吗？这会导致中国经济崩盘，还是采取正确的办法，我们主动地去抑制房价，让房价跌下来？这叫软着陆，这样就不会使得中国经济崩盘。

房地产泡沫的破灭必将引发中国经济的崩盘，也就是经济危机。而房价是一定要跌的，让它像脱缰的野马一样自己涨上去，最后泡沫破灭跌下来，这个泡沫的破灭是要引起中国经济危机的。美国的次贷危机就是这样造成的。房地产绑架了中国经济，所以房地产泡沫的破灭必将引发中国经济的衰退，陷入经济危机，导致经济崩盘，这是最坏的后果。那么怎么办？我们应该采取有效的措施，让它软着陆，就是说控制住，让它慢慢地降下来，不是说让它崩盘了才掉下来，要让它慢慢地降下来，这是人为的调控。

第六章　限购令是下下策

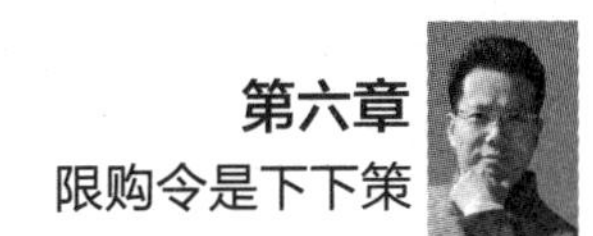

国家下达限购令，这是一个最下策的做法。你想，一个东西要涨，你却限制购买，那它不是更要涨吗？这是违犯市场规律的做法。

出限购令策略的人不知道是怎么想的，计划经济时代是这么干的，市场经济调控还用得着限购？限购令是下下策，其导致的后果是报复性的反弹，需求被抑制久了会有一个爆发性的、报复性的反弹。限购之后，房价上涨得更快。

这种调控实际是抑制了消费，这和北京买车摇号是一个道理，有人根本就没想到要买车，但一听到要摇号了，他反而觉得不去摇号就亏了。

限购令如同菜价上涨而去限制运输行业

为了调整房价过快上涨，国家下发了限购令，这项“限购令”是2010年4月30日北京出台“国十条实施细则”中明确提出的：从5月1日起，北京家庭只能新购一套商品房，购房人在购买房屋时，还需要如实填写一份“家庭成员情况申报表”，如果被发现提供虚假信息骗购住房的，将不予办理房产证。这是全国首次提出的家庭购房套数“限购令”。具体内容为：本市户籍居民家庭（含部分家庭成员为本市户籍居民的家庭），限购两套住房；对于能够提供在本市1年以上纳税证明或社会保险缴纳证明的非本市户籍居民家庭，限购1套住房。暂停在本市拥有2套以上（含2套）住房的本市户籍居民家庭、拥有1套以上（含1套）住房的非本市户籍居民家庭、无法提供在本市1年以上纳税证明或社会保险缴纳证明的非本市户籍居民在本市购房。对境外机构和个人购房，严格按照有关政策执行。

中央政府可在住房与城乡建设部指定的40个重点城市统一实施基本限购令：各城市本地户籍与持人才居住证家庭，最多限拥有两套住房；外地户籍和境外人士最多限拥有一套；两次购房时间需相隔两年以上；禁止公司购房。基本限购令符合绝大多数家庭的居住、投资需求，与一些城市的购房入户政策也不冲突，且不会阻碍住房租赁、度假物业市场发展。在人口大量流入、土地供应相对紧张的北京、上海等城市，可附加实施外来人员一年等候期制度，即外地和境外居民，须提供至少一年的纳税或社保证明后才能购买。限购令简单易行，其实施主要依赖各城市房管部门的房地产产权登记和网络签约两个信息系统，不需全国联网。住建部正在推进40个重点城市住房信息系统的建设和联网，这项工作非常有价值。系统建成后，将可有效支持开征多套房房产税，并可优化40个城市范围内的限购。

北京于2011年2月16日正式公布了关于贯彻“国八条”的通知，对于普通百姓最为关心的限购政策，文件要求，自发布之日起，对已经拥有一套住房的户籍居民家庭，对持有有效暂住证，在本市没有住房的购房人，且连续五年缴纳社会保险和个人所得税的非本市户籍家庭，限购一套住房；对拥有两套及以上住房的本市户籍家庭，拥有一套及以上住房的非本市户籍家庭，以及无法提供本市暂住证、连续五年以上缴纳社会保险或个人所得税的非本市户籍居民家庭，暂停在本市向其售房；住建部将会同多个部门完善信息共享和购房人资格审查，对提供虚假证明的购房人不予办理产权登记手续并由购房人承担经济和法律责任。

在住房信贷政策方面，要求切实实施差别信贷政策，要求各金融机构和公积金管理中心对二套房购房者切实执行首付比例不低于六成，贷款利率1.1倍的政策，对违规行为要严肃处理。

深圳紧急出台《关于进一步贯彻落实国务院文件精神坚决遏制房价过快上涨的补充通知》，通知中对深圳户籍居民购房做出进一步限制，深圳市户籍居民家庭限购2套住房，非本市户籍居民家庭，限购1套住房。通知表示，在深圳暂时实行限定居民家庭购房套数政策。对于深圳市户籍居民家庭（含部分家庭成员为本市户籍居民的家庭），限购2套住房；对于能够提供在深圳市1年以上纳税证明或社会保险缴纳证明的非本市户籍居民家庭，限购1套住房。暂停在深圳市拥有2套以上（含2套）住房的本市户籍居民家庭、拥有1套以上（含1套）住房的非本市户籍居民家庭、无法提供在深圳市1年以上纳税证明或社会保险缴纳证明的非本市户籍居民在本市购房。2010年10月5日，深圳市规划国土委又发布了特别提示，提醒市民在购房前，一定要认真核实自身是否符合9月30日市政府办公厅发布的“限购令”所规定的条件；对不符合规定条件者，房地产主管部门将不予以办理备案和登记过户，由此造成的法律责任由买卖双方自行承担。

在国庆长假的最后一天，上海市住房保障房屋管理局等五部门联合发布《关于进一步加强本市房地产市场调控加快推进住房保障工作的若干意见》（以下简称《意见》），上海“楼市调控细则”终于出台。上海市住房保障房屋管理局官方网站公开的信息显示，《意见》共12条，内容主要包括限购令、房产税、信贷等8个方面。

《意见》明确，上海将在一定时期内限定居民家庭购房套数。暂定本市及外省市居民家庭只能新购一套商品住房（含二手存量住房）。违反规定购房的，房地产登记机构不予受理房地产登记。而对“房产税”，《意见》明确“按照国家加快推进房产税改革试点的工作要求，将积极做好房产税改革试点的各项准备工作”。除此之外，有关“房产税”并无更细内容。

上海明确表示，各商业银行对贷款购买第三套及以上住房的，停止发放住房贷款。对非本市居民在本市购买住房申请贷款的，应提供从申请之日起算的前2年内在本市累计缴纳1年以上的个人所得税缴纳证明或社会保险（城镇社会保险）缴纳证明。不能提供的，商业银行暂停发放住房贷款。上海住房公积金贷款政策也作相应调整，停止对购买第三套住房及以上家庭住房公积金贷款。同时，为增加普通商品住房供应，上海规定，被动迁居民家庭获配的动迁安置房（配套商品房），允许上市交易期限，由取得房地产权证满5年调整为满3年。此外，上海还明确，今后5年新增保障性住房100万套。将逐步放宽廉租住房准入标准。

上海市房管局和市工商局联合对《上海市商品房预售合同示范文本》《上海市商品房出售合同示范文本》《上海市房地产买卖合同》进行了修改，增加了有关住房限售规定的特别告知、违反住房限售规定解除合同的责任等条款。买房人在签买卖合同时要看清新增的责任义务条款。房地产开发企业预售、出售新建商品房，将会采用修改后的《预售合同示范文本》《出售合同示范文本》与购房人订立合同；而二手房买卖双方当事人则采用《买卖合同示范文本》。

“国五条”对房地产之调控反映了中央政府何等严厉的态度。结果呢，95%以上的一线、二线、三线、四线、五线城市实在无法执行，只好睁一只眼，闭一只眼，仍按老办法，按总价值1%～2%对二手房征税，假离婚现象也因此有所下降。而强行执行国五条的北京市出现了二手房交易的冷场，大量交易是当年福利分房时的老房交易，仍按1%～2%交税。少数二手房交易征20%的税，亦多半是学区房等刚需很强的房，税收往往由买卖双方分担，或由买方出，完全与“国五条”初衷相背，它推高了房价，又增加了人民负担——由此引发的全国几万对夫妻假离婚，至今财政部、国税局、城建部无人勇敢地站出来对此负责。

电视剧《蜗居》中的两姐妹就是两种房奴的心态。据查诺斯的报告，典型的中国夫妻拿着4万美元的薪水却买着70万美元的房子，夫妇离婚为了购买两套房产的比比皆是。在一些地方地块的拍卖中，“地王”层出不穷，而拍卖的溢价越来越高，许多没有装修、家电的毛坯房，尽管只有70年产权，其价格却超过美国。房地产投机使得中国房价自2003年以来上涨数倍。其中，国有企业在土地拍卖中购买了82%的土地，其拍卖价格要比二级市场公允价格高出27%。

大量数据表明，一线大城市北京、上海等依然刚需很强。这样强行压了又压的北京，房价居高不下，人们要排队摇号，一票难求，不管价格，只要拿到号就是胜利。真是发疯到难以想象的地步。上海也是，对如果征20%个调税会引发大量假离婚一事，上海市政府非常清楚，国五条发出后，上海当时就开了一天会来研究此棘手之问题。闵行区那块著名的“炒房有风险，离婚需谨慎”的牌子，很快反映到市政府领导处。怎么办呢？原来征1%～2%的税，人民是接受认可了的啊！总不能也让2400万上海人民都假离婚吧。于是，文字上坚决执行国五条，实际上，按实际情况办——上海是中国一线大城市中管理得最好的。如果能多收税，上海何乐而不为呢？上海又是最实事求是的，行不通就只好暂时不执行了吧！

王石说得对，北京、上海等大城市房价居高不下的重要原因是各种优势资源集中得太多了。北京有全国最多最好的大学：北大、清华、中国人民大学、北师大、中国政法大学、农大、首都协和医科大等；有几百所中学、几百所医院，就业机会多，起码有200万“北漂”同学不肯离去。

上海有几大名校：复旦、交大、同济、财大、外国语大学……有500

所中学、大量的小学，有 14 条地铁与城市轻轨，大学生毕业几年后，工资都在 6000 ~ 8000 元以上。在上海，“海漂”的同学起码 150 万元以上，让他们弃沪去成都、厦门拿 3000 元工资吗？谁肯呢？因此，京、沪、深、广及一线大城市始终房价难下去。温州是个例外，它是二线城市，房价炒成一线城市的高价格，温州地区的房价自金融风暴以来就垮了，但现在从 3 万多元跌到 2 万多元后，已完全止跌企稳。温州房价已跌了，怎么实行国五条呢？

大大出乎政府意料的是，这项限购令并没有达到预期目的。有钱的，想在哪个城市买就在哪个城市买，想买多少套就买多少套；没钱，打死也买不起，还是不能买。这就像为了防止菜价上涨，而去限制运输行业运输蔬菜一样。

蔬菜价格的上涨，并不能因为运输费用上涨了，菜价一下就上涨了许多，而蔬菜价格上涨的原因有许多。首先是种植成本上升。据农户的种植情况，成本上升的主要原因：一是化肥、农药价格上涨，致使化肥费、农药费分别增长约 15%、12.5%；二是家庭用工折价增加，致使人工费增长约 11%；三是成品油价格上涨，拉动机械作业费、运输费增长约 20%。种植成本上升，在一定程度上拉高了菜价，但菜农并没有得到真正的实惠。蔬菜供应量下降。物价局的调查数据显示，由于城市化、工业化进程的不断推进，以及灾害性天气影响，2013 年市地产蔬菜种植面积及产量均较上年有所减少。流通环节人为抬高加价幅度。蔬菜从菜地到市民手中，除了汽、柴油价格上涨带来的运输成本上升外，销售环节人为抬高加价幅度是造成菜价飙升的主要原因。零售商为了弥补蔬菜运输的物流费用和蔬菜损耗（包括重量缩水、腐烂损失等），加上门面房租、水电费、人工费摊销等，从批发市场到市区的菜市场，蔬菜加价超过 50%，其中少数菜品价格甚至翻倍，如花菜、白菜、青菜，直接推动了蔬菜价格的上涨。另外中间环节过多也是菜价上涨的主要原因。供需矛盾拉动蔬菜价格上涨。随着城市化、工业化进程的不断推进，城市流动人口不断增多，蔬菜市场需求量不断扩大，而城市化加速，又使得周边农村及城郊的蔬菜基地生产受到一定程度的影响。过去蔬菜属于副食品，现在很多人为了保持身体健康，已经把主食变成蔬菜了，所以需求量增加了天气因素引发菜价波动。近年来各种破坏性天气频发，从早春时持续低温阴雨到夏季暴雨洪涝，以及后期的持续高温酷暑天气，严重影响了当季蔬菜生产，导致蔬菜减产5%～10%，也拉动蔬菜价格上扬。

限购令犹如头痛医脚

江湖传言：如果说2010年楼市调控最给力的一条措施，那就是“限购令”，如果说2010年最失败的一条楼市调控政策，那依然是“限购令”。

原因很简单，那就是“限购令”只在一线城市实施，而没有全国推行。这样做的结果就是除了出台“限购令”以外的城市，房价都大涨特涨，而且越涨越猛，犹如坐火箭一般，这也间接再次推升了出台“限购令”一线城市的房价，为什么呢？我是一线城市呀，稀缺资源呀，二线、三线、四线城市房价都飞涨了，我一线城市能不涨吗？因此可以说，限购令的出台，可以说是“头疼医脚式最失败的调控政策”。这就像治理城市交通拥堵一样。

比如，很多大城市都被冠以“堵城”的称号，北京更是名副其实，被人们戏称为“首堵”。首都变“首堵”，现在的北京人一打电话，第一句问的就是：“你在哪儿堵着呢？”可见堵车这种全民健身运动正在逐步深入人心，一天不堵车就会觉得生活空虚很多。这是长时间里人们对北京交通拥堵的讽喻。

北京的交通堵塞原因很多，机动车数量多、增幅大，上下班出行需求太大等。然而，在世界上一些人口、车辆数目不少于北京的国际都市，却并未出现严重的交通拥堵现象。比如，纽约拥有660万辆机动车，其中出租车1.6万辆，无限行措施；北京现有车辆380万辆，其中出租车8万辆（另有黑车保守估计5万辆），除去因限行藏于深闺的60多万辆，市区有行驶权的车辆应在320万辆左右。如此算来，纽约的机动车辆比北京多出一倍！即便如此，纽约也没堵得一塌糊涂。况且，北京的环城路体系是任何一个外国城市包括纽约都无法比拟的，其道路的宽度、路面占城市面积比率也高于国外城市。

为缓解北京市交通拥堵状况，北京制定了《北京市小客车数量调控暂行规定》。经2010年12月22日北京市人民政府第81次常务会议审议通过，2010年12月23日北京市人民政府令第227号公布。

时至今日，越来越多的人认识到，“限号”并不是解决北京拥堵的有效办法。因为北京拥堵的根源在于“摊大饼”式的城市结构——即北京的城市建设，以紫禁城为中心环状向外扩张，行政、金融、商业机构高度集中，造成交通拥堵等一系列“大城市病”。

对购房来说，限购令也产生了一个巨大的非法利益蛋糕及一条黑色的利益链条。年仅25岁的被告人张××，在担任地税局协税员期间，利用为纳税人开具个人所得税纳税完税证明的职务便利，接受多名中介人员的请托，采取虚报、修改个人完税信息的方式，在短短半年时间内为100余名无深圳购房资格人员出具虚假的个人完税证明，涉嫌收受好处费达238万余元。经广东省深圳市检察院提起公诉，这一“蚁贪”案件在法院开庭审理。

该起案件是深圳市检察机关“3·13”专项行动中查处的典型一例。

2013 年 4 月起，深圳市检察机关针对房产交易中利用非法手段办理房产过户的职务犯罪行为，展开了代号为“3·13”的专项行动。深圳检察机关通报了专线行动查办的整体情况：在此次专项行动中，已有 45 人被立案侦查，涉及地税工作人员 18 人、房地产权登记工作人员 11 人、社会中介人员 16 人。

2010 年 9 月，为落实国家关于房价的宏观调控政策，深圳市出台了《关于进一步贯彻落实国务院文件精神坚决遏制房价过快上涨的补充通知》（下称“限购令”）。限购令出台之后，在深圳购房须满足三个条件之一，即有深圳户口，或在深圳缴纳社保一年以上，或在深圳缴纳个人所得税一年以上。想买房，但不具备购房条件，怎么办？有人开始通过各种方式违规操作。

2012 年下半年，检察机关根据地税部门自查后移送的线索等，针对房产交易中虚开纳税证明，利用非法手段办理房产过户的职务犯罪行为开展了缜密的初查。2013 年 4 月下旬，深圳市检察机关反贪、反渎办案人员联手出动，一批涉案人员先后被带走协助调查。事后，数名涉案人员迫于压力，向检察机关投案自首。

某广告公司业务经理王 × ×，兼做一些房屋中介业务。据其供述，他“买通”地税工作人员，补录过千份个人所得税纳税凭证、开具了数十份完税证明，并送上好处费。据悉，违法补缴个人所得税以及采取修改信息、“偷梁换柱”等方式来虚开纳税证明，是违法取得购房资格的常见方式之一。

在房地产产权登记过户环节，因担心虚开的纳税证明材料等被房地产产权登记工作人员识破而不能登记过户，一些不法中介便“买通”房地产产权登记工作人员。除纳税证明造假外，还存在诸如社保清单甚至身份信息造假等其他形式的造假行为。只要房地产产权登记工作人员认真审核，通过联网系统一查询即能发现。由于相关工作人员与房产中介暗通款曲，导致这些不符合购房条件的人轻松办理了购房登记。有时，房产中介还要求在房地产产权登记环节加快办理，并因此再送上好处费。

不言而喻，限购令产生了一个巨大的非法利益蛋糕及一条黑色的利益链条。如今，45 名地税、房地产产权登记及社会中介等人员因涉嫌受贿罪、滥用职权罪、行贿罪等被抓，涉案款项从数万元到数百万元不等。

此次地税和房地产权登记部门涉案的国家工作人员，主要集中在窗口部门，以二三十岁的年轻人居多。一位办案检察官对此很有感触："以前不太受关注的窗口工作人员竟能如此瞒天过海，有的涉案人员还半夜溜回单位，偷偷在电脑上修改纳税资料，法律意识淡漠程度令人震惊。在办案中我们发现，案发单位的工作流程设计、工作权限设置、监督力度等都有待完善。"

然而，到 2014 年 5 月，房地产行业出现明显的下滑迹象，这不仅让房地产商上火了，同时也让政府着急了。截至 2014 年 5 月 30 日，一条有关住建部多位人士确认"北上广深外，住建部将允许地方对限购政策进行调整"的传闻引起了社会各界关注。楼市救市行动真的要全面展开了？

据说，有多位住建部人士确认，除北上广深之外，其他城市的限购政策可以自行调节，尤其是库存过大的地方，但不会明确发文。传闻中，住建部人士还表示，近期北上广深市场也有剧烈调整，住建部正在观察研究，但发文确认限购放开的可能性不大。此消息一出，引发了社会各界的热议。

迄今为止，传闻的影响力已经开始显现。受全面放开限购传闻的影响，部分在二线、三线城市有大量土地储备的上市地产公司股价飙涨，廊坊发展昨日涨停，华夏幸福也大涨超过 7%。众多机构都在热议这一传闻，认为有一定可信度，也有一定的现实意义。

与之前的央行要求各银行放宽对首套个人房贷的约束对照，这次住建部对二线、三线城市房地产松绑的可能性不能排除。一方面，2014 年两会期间，中央政府提出对房地产进行双向调控政策，就是对北、上、广、深等一线城市房价的调控不能放松，而对于库存较大的二线、三线城市房价放松的可能性并不能排除。

另一方面，房地产业的低迷出乎了人们的预期。二十大标杆房企合计年内销售截至5月中旬为18.8万套，销售额为2414亿元，仅完成了2013年全年销售额8515亿元的28.3%，大幅落后预期。截至5月初，沪深两市共有117家上市房企披露了一季报及业绩预报。受毛利率下滑等因素影响，有61家公司业绩利润出现同比下滑或亏损。低迷的楼市意味着开发商回款速度变慢。房价如果下跌速度过快，将给中国的经济和金融带来巨大的隐患。

此外，全国房价如果出现快速下跌，土地市场也会出现回落，土地财政将会大幅减少，这无疑会大大制约地方政府的偿债能力，而今明两年又是地方政府还债的高峰期，届时各地方政府将有数万亿元的债务要偿还，所以二线、三线城市房价若快速下跌，将会引发地方政府债务危机。当然，目前由于开发商为回笼资金，而频频降价，已经引发了各地多起“房闹”，这对于社会的稳定与和谐极为不利。

限购令到底限制了谁

限购令究竟能否控制越来越高涨的房价？这一道禁令，给房地产商和买房者带来的究竟是机遇还是挑战？限购令对楼市的影响毋庸置疑，但是其所起到的效果最后是落在房地产开发商身上，还是落到购房者身上？

济南的张先生2013年12月打算买房结婚，经过一个多月的精挑细选，在二环东路附近相中了一套50平方米的二手房，总价45万元，房主要求房款一次付清。张先生几乎动员了家里所有人为他凑房款，终于凑齐了45万元。这两天他正准备与房主签合同交付定金，但按照2014年1月起实施的限购令规定，张先生缴纳社保不足1年，还需要再缴纳两个月的社保才有购房资格。因此，张先生的置业计划只好暂时搁置，婚期也不得不推迟。

与张先生有相同遭遇的人还有很多。这部分购房者大多来自外地，年龄在25~30岁，急于买房结婚，但由于没有社保证明，只好徘徊在购房的大门外。济南玛雅房屋资深置业顾问刘先生说，在他的客户中，有75%属于刚性需求，由于限购令的出台，现在这些人中的大部分都不具备买房资格。

王先生在济南工作3年多了，但单位一直没有为他缴纳社保，最近单位答应跟他签订劳动合同并申请补交社保。那么，这种补交的社保是否符合限购令规定呢？对此，社保部门工作人员的回复是：如果是已经在单位工作一段时间的正式员工，单位为其正常申请补交社保基金是符合规定的。

有人去某楼盘询问购房事宜时，售楼人员表示："可缴纳一定手续费找代办公司缴纳社保，但操作起来比较麻烦。"有知情者透露，现在有非法中介向购房者收取3000元到8000元不等的手续费，代办社保缴纳证明以获得购房资格。

有一"刚需"在网上发了一个帖子：

她在房市转悠了1年多，终于看上了自己的房子。这一年里，国家一道一道的政策，说是抑制房价，结果不但没有抑制住，反而一年里每平方米又涨了1万元，这是真实情况，并非危言耸听。暂且不说抑制房价过快上涨的政策到底有没有用，有没有抑制住，问题是，到底想抑

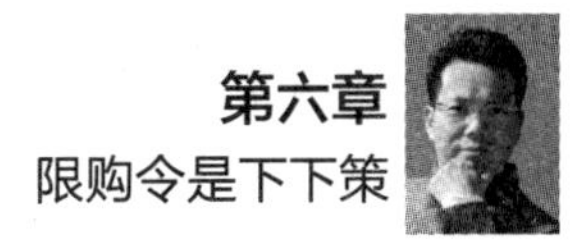

制谁?

2003 年，为了不给双方父母增添负担，他们结婚自己花钱贷款，买了一个小户型，40 多平方米的一居室。房产在她名下。2004 年，因为工作变动，她和老公一起去了成都工作，因为长期在那里工作，又很喜欢成都这个城市，所以他们在 2006 年 2 月，在成都买了一套房子居住。该房产在老公名下。当时她以为不用再回北京了，本来就不喜欢哪儿哪儿都拥挤的北京，虽然她是北京人。

2009 年年末，又是工作变动，夫妻二人不得已又回到北京，这个时候他们已经从两口人变成了三口人，显然回来住 40 平方米的小户型是根本不够用的。于是在回北京之前，就把 40 平方米的小户型卖掉了。两人回到北京，一直也没买到合适的房子，所以都还处于租房住的阶段，她从未想过靠房地产来投资挣钱，她不需要挣这个钱，她只是想改善居住环境，总是可以的吧?

前几天，她终于看中了一套觉得满意的三居室。但是由于这一年中房价每平方米又涨了将近 1 万元，超出了先前预算，所以她准备贷款。结果，这一年，国家左一个政策抑制房价，右一个政策抑制房价，房价没有见到抑制住，现在可好，中介告诉她说，不允许她贷款买房了，原因是，她和老公名下各有一套房产，现在一家只能贷款买两套房，而他们属于买第三套房。

她跟银行解释：首先，我名下那 40 平方米的房子已经在 2009 年 9 月卖掉了，为什么这套房子还算在我名下? 这不睁眼说胡话吗? 难道买我房子的人名下没有这套房产吗? 如果这样，明天我是否可以上法院起诉买我房子的人，归还我房子? 否则卖掉的房子怎么会还算在我名下呢? 我现在要买房怎么是第三套呢? 明明是第二套。

其次，她老公名下的房产不在北京。你说抑制投资，那也是针对你出台政策以后吧，为什么把以前买的也算在内呢? 很多历史遗留问题凭什么要用现在的政策来解决呢？如果他们是2010年限购令之后买的，那无话可说，她当初2006年买的时候，难道想到2010年会出台限购令吗？可笑，太可笑了。即使是现在，她老公依然要北京成都两头跑，难道这种情况，就不能在成都拥有一套住房，以便在那边工作的时候，用来居住吗？

给他们的回复是，卖掉的房子依然算他们的，可笑之极！现在要想买房，有两条路可走：第一，离婚，双方用谁的名字都可以买。她哑然失笑，怪不得最近离婚率这么高，原来都是为了买房子。这种事他们不干！第二，全款买房。政府要控制住房价哪怕只维持在2010年出台政策的时候都可以啊，问题是，没把房价控制住，又不让贷款，政府怎么不找找自身的原因呢？

而作为最严厉的调控措施，限定居民家庭购房套数则属于一刀切式的调控手段，将对市场产生较大影响。据广州中地行房产代理有限公司对广州购房者结构追踪监测显示，二次以上置业者在购房者中占据比例接近四成，一旦实行居民家庭一套房限购，接近四成购房者离场，对市场成交造成较大影响。

但同时，限购措施的作用取决于执行方式和执行力度的把握，地方执行不严容易令该措施效果打折。例如厦门、上海、宁波，所出有关限购细则中，起用“新购”的表述，这将暗示购房者无论已有多少房产，仍至少可再购买一套。而深圳规定，在深圳已经拥有两套及以上住房的本市户籍居民家庭，拥有一套及以上住房的非本市户籍居民家庭将不得再购买新房，则表示深圳本市户籍居民家庭如果只拥有一套住房，也可再新购一套。这样被留出来的“宽松地带”意味着，未来一段时间内，成交仍将保持或短时内出现抢购小高峰。

限购令限住了什么？限购令的出台是为了调控楼市，压制楼市现阶段不正常的过热现象，这样的出发点是好的，但是限购令又能够限多久呢？2010年4月30日，北京就出台了与限购令相同本质的措施。但是，由于受到各种因素的影响，并没有真正遏制投资过火的现象，北京的楼市在低调了几个月之后，又再次回暖，这样的“成绩”实在让人对限购令无法产生信心。

原因有三：一是具有浓厚的计划经济和市场经济现象的双层功能色彩，目标不明确，仅会恐吓楼市，或者威胁下开发商，要开发商不要太嚣张涨价。二是属于地方政府采取“行政强硬”手法干预市场行为，通过抑制短暂的市场购房需求，遏制炒房，达到供应增加的目的。从限购的期限看，都是临时性限购措施。三是“限购令”调控的本意究竟是什么？恐怕到现在，地方政府自己也不清楚。

有人通过四个城市的“限购令”对比分析和研究，内容其实都是“限购新房一套或两套”，而不是限制家庭拥有住房总套数，这样一来投资客还是可以新购房产。而若改为限制家庭拥有房屋总套数为2套或3套，那么即使是改善型需求，也需要先把原来的房子卖给无房户，达到真正遏制炒房的目的，否则并不能起到预期的效果。

以深圳为例，2010年9月30日，尽管深圳已在第一时间出台了“限购令细则”，但接下来的数据却颇为尴尬：10月1日至4日，深圳一手房市场成交量高达近2000套；其中，1日、4日两天内，新房成交量均超过了600套大关，创下该年以来新房成交量的最高纪录。这并不奇怪，此次新政，主要宗旨在于9月成交带来的楼市回暖可能导致的价格随之增长，明显感觉到了未来房价上涨的压力。不过目前“限购令”的作用，也许只是高烧楼市的“止疼药”，还算不上是那颗能真正降温的“退烧药”。

“限购令”是以行政强力遏制了购房需求，其短期或对调整房市有所影响，但正因为调控行为的非市场化，政策的连续性就让人存疑。实际上，房价疯涨，炒房固然是其中一个因素，但在土地供应、房地产开发等链端可能存在的权钱交易等腐败行为则更不容忽视。唯有从多角度对房产市场进行调控，房价才能避免陷入越调越高的尴尬中。

“限购令”彰显了地方政府遏制高房价顽疾的决心，其积极姿态当得到肯定。但“限购令”究竟能起到多少作用？其实，房产“限购令”并不能从根本上解决房价过高的问题，而且会引发其他不良的现象，尤其会误伤了真正的改善型买家。

此前的一系列楼市调控不但没有真正降下房价，反而让楼市更加扑朔迷离。在这种背景下，住房限购令理所当然地被寄予了厚望，有专家更是断言，住房限购令将比暂停三套房贷的效果更为显著，在他们看来，只要住房限购令的“利剑”一出，楼市降价立刻可期。

可是住房限购令真的能降下虚高的房价吗？恐怕未必。说起住房限购令，北京实行的不可谓不早，早在 2010 年 4 月就推出限购政策。力度不可谓不大，规定每个家庭限购一套住房。但北京的房价降了吗？市场给出的答案是限购令虽然短期起到一定效果，但之后，北京楼市成交量和房价都不断走高。量价不降反升，说明限购令对楼市调控并无多大作用。

其实细看一下住房限购令的具体内容，就知道这种强行压制刚性需求的楼市调控是相当的不切实际。以上海的住房限购令为例，在一定时期内限定居民家庭购房套数，但这个“一定时期”到底是多长时间，没有明确的界定。这毫无疑问让限购令大打折扣，倘若限购期限只是几个月或是更短，所谓的限购不过又是个纸面游戏而已。而且住房限购令并没有涉及已有住房，也就是说，拥有几套甚至 10 多套房的家庭，和一套房都没有的家庭一样，仍然可以新购一套住房。这表面看起来很平等，实际上如此一刀切，对没有住房的家庭很不公平。

第七章　房价调控，一招见效

如果真的要调控房价，可以一着见效，就是银行不“放水”或少“放水”——停止或减少贷款给房地产商，停止或减少贷款给购房者。这符合市场规律，银行不贷款给你，你有钱就去买吧；没有钱就不要买，没有钱还怎么买？需求自然会降下来，银行干吗要支持你买房子？上面在调控房价，下面在偷偷托起来，这不是很矛盾吗？这不等于自己打自己嘴巴吗？

上面在调控房价，下面在偷偷托起来

房价不停地上涨，致使平民及上班族无法买得上房。政府急忙进行调控，不过民众对行政调控政策的“不满”也越来越多，认为它只是“空架子”“空调”，更有甚者，就直接说它是个“摆设”。

这些年房价不断飙升，政府出台了一系列政策，什么限购、限贷甚至限价政策轮番上阵。事实上，在供需严重失衡的中国房地产市场，房价不是靠这些“干巴巴”行政调控政策，它还真不至于涨这么高。就拿限购、限贷来说，随着中国经济的发展，居民可支配收入也在增加，不过也不能忽视一个问题，那就是贫富差距不断拉大。“富裕阶层”资金充裕，买了一套房，还有能力买第二套、第三套、第四套，可“贫困阶层”就不一样了，他们有时候连最基本的“生存需要”都无法解决，更甭提“归属需要”了。

且看2013年10月23日北京出台的新政的主要内容：

（1）对弄虚作假违规骗购的购房人，5年内不准在京买房，对企业协助造假的，冻结全部在京项目的手续办理。

（2）进一步强化预售资金监管，对房价过高、上涨过快、利润率过大的项目，将启动全额监管。

（3）强化价格引导，严查变相涨价项目。对定价高、涨幅大且不接受政府引导的项目，将暂缓上市。

（4）进一步严格差别化住房信贷政策的执行。

（5）通过“限房价、竞地价”方式，加大自住型商品住房供应力度，满足中端需求和夹心层家庭需求。

（6）对存在闲置土地、炒地、捂盘惜售、哄抬房价、变相涨价等违法违规行为的房企，采取禁止其参加土地竞买的措施。

（7）加强市场信息公开，提高市场信息透明度，防止误导误读。

其他城市还有上、广、深等，也纷纷出台了内容几乎相同的政策，不出人们意料的是，这些所谓的新政策并没有起到实际的作用，房地产开发商们还是会偷偷涨价，可是与“光明正大”相比，这“偷偷”的力度和“理直气壮度”丝毫不比各种政策小。

2013年10月百城价格指数报告显示，10月全国100个城市（新建）住宅平均价格环比上涨1.24%，已连涨17个月，并且涨幅比9月扩大0.17个百分点。根据百城价格指数对北京等十大城市的全样本调查数据显示，房价涨幅过快的城市依然多集中在北上广深等一线城市。北京、广州、深圳等9城百城住宅价格同比涨幅在20%~30%。

但政府并没有停止调控，为遏制房价持续大幅上涨的态势，京、深、沪、穗等房价领涨全国的一线城市接连出手加强调控。一个月内，先后出台了“京七条”“深八条”“沪七条”“穗N条”，上海公布的楼市调控“沪七条”，对非户籍居民家庭购房缴纳税收或社保费年限，从此前的“前2年内在本市累计缴纳1年以上”，调整为“前3年内在本市累计缴纳2年以上”；而二套房最低首付也从此前的六成提高至七成。此前的“深八条”“京七条”，也推出多条措施，包括严格执行限购限贷、增加土地供应、加大保障房和安居房供应力等。其中，北京更是在两年内推出7万套自住型商品房，该房屋售价仅为周围商品房售价的70%左右。尽管，一线城市密集出台政策，加强调控力度。但“突击调控”或为完成年度任务。临近年底，调控从严仅仅是为了配合统计数字，是在“作秀”，“突击式”调控只会加剧供需矛盾。控制价格应该自始至终，不应等到年底才发力。

从2003年起，政府便开始了长达十多年的房地产调控，尽管严厉程度逐渐升级，但房价似乎陷入了越调越涨的怪圈，每一次调控后都会伴有报复性上涨。2013年年初，号称“史上最严调控”的“国五条”出台，多地地方政府落实“国五条”有偏差，并未拦住房价的涨势，此次调控近乎落空。一面是房价的持续上涨，一面却是房企赚得盆满钵满。在公布2013年10月销售业绩的多家大型房企数据显示，万科、融创中国、绿城、河大等房企已完成或接近完成全年销售目标。

房企不差钱，在土地市场上更是出手阔绰。全国土地市场不断被催热，各地总价地王和单价地王不断被刷新，土地出让金屡创新高。虽然“火药味”十足，调控房价的决心也显而易见，但综合新政落地后一段时间以来各种渠道的声音，突击性的“疗效”有限。例如，上海地区发放的购房贷款中，二套房贷款不到20%，提高二套房首付力度只能影响一小部分人群。此外，“刚需”购房者的观望情绪再度出现，业内担忧，年底收紧政策恐怕会造成需求的积压。

有人认为，北京、深圳、上海等多地陆续推出“突击性”收紧政策后，虽然短期内市场热度持续降温，但会打乱市场秩序，埋下“报复性上涨”的隐患。压制需求一旦集中爆发，必然导致房价暴涨。以北京为例，从 2010 年 4 月开始，北京的楼市调控就选择了“强硬”的行政方式，从最早的限贷、限购以及限制外资，到今年的限制预售审批，行政调控手段逐渐升级，行政措施和执行细则也更加严格。然而，持续上涨的高房价也带动了房租的增加，已让越来越多人开始考虑逃离北京。从 2012 年年初开始，北京房价已连涨超过 20 个月。

频频刷新的地王纪录，以及仍在不断上涨的房价令政策执行效果和政府公信力屡遭诟病。国家统计局数据显示，全国 70 个大中城市房屋销售价格同比上涨 11.7%。2010 年 1—3 月，中国完成房地产开发投资 6594 亿元，同比增长 35.1%；房屋新开工面积 3.23 亿平方米，同比增长 60.8%；商品房销售额 7977 亿元，同比增长 57.7%。

房价居高不下的关键在于地价，房地产企业得地的主要方式来源于拍卖所得。所以出现了很多地王，正因为这些地王的出现导致了房价居高不下。

建立房地产调控长效机制是大势所趋，但当前并非大面积开征房产税的最好时机。前十年房地产业的最大失误是行政干预不断升级，但相关的立法举步不前，错失了依法管理市场的最佳机遇期。例如，面对限购和建立住房信息系统，从直辖市到副省级城市，再到省会城市及地级市，表面上都与中央保持一致，暗地里却不乏不断微调，偷偷“放水”，都在与中央博弈，结果反而造成价格越限越高，需求越限越旺，住房信息系统迟迟建立不起来。

房价为什么越调控越涨？原因可能是多样而复杂的，但其中两个重要的原因清晰可见。首先，房地产市场“繁荣”与地方政府财税收入增加这个“互利”体制的存在，使一些地方政府产生托市的冲动，出于自身的利益考虑，开发商和一些地方政府都不希望房价降下去，国家宏观调控政策在落地时有可能打折扣。

房价的非理性高涨不仅削弱了城市竞争力，也摊薄了居民的生活幸福感，甚至引发了广泛的焦虑。不少媒体都以都市白领人群为标本做过购房调查，结果发现，收入在平均线之上的白领人士已经很难在新盘、尾房和二手房市场上找到自己满意的住房，而一些受恐慌感驱使的购房者则已经背上了沉重的债务。房价暴涨的更大隐忧还在于崩盘之险，如果房地产不能回归理性的轨道，这枚沉重的火箭早晚要掉在地上，随之而来的将是金融风险的爆发和许多相关行业的衰退。

调控房价，是真调还是假调

十年前你可以买一套房子，现在你转身却发现房子反而买不起了，而且渐渐地发现这辈子注定买不起。有钱的人贷款买房，没钱的人存钱等待，有钱的人买得越多富得越快，没钱的等得越长穷得越慌，两极分化就此变本加厉。

买不起高价房者希望政府调控房价当真，期盼房价能明显回落者大有人在，梦想房价大跌者也不乏其人。反之，希望房价能暂时稳定者有之，希望房价继续上涨者也大有其人。总之，政府、官员、地产商、金融机构、房产投资（机）客、代表委员、无房者、欲改善居住条件者，对房价走势各有各的诉求、立场和算计。

2010 年两会期间，中共中央政治局委员、上海市市委书记也在上海代表团团组会上谈及房价，这位书记坦言“上海的房价很高，需要进一步采取综合性措施予以遏制。”而在此前，这位书记还曾谈过“调控房价并不难，难的是下决心真调。”此话经网络广为传播，众网友认定此乃“来自上海市市委书记俞正声的‘掏心话’，既道出了真情，也道出了其中的难处”。房价可调而决心难下——此话堪称坦诚可贵。决心何以难下依然众说纷纭，但择其关键，最根本的利益取舍在于各地方政府严重依赖“卖地财政”的现状，不但一时半会儿难以改观，而且还得长期维系下去，近期要想痛定思痛、痛下决心“断奶”，压根不存在可能性和可行性。

谁都知道中国房价高，可人人都是只说不做……中央喊着要保障民生，调低房价，也不知道是真调假调，房价不降反升，中国难道想靠盖房子实现中华民族复兴吗？中国人都住不起房子了，还能复兴吗？银行调高居民第二套房贷利率，想借以打压炒房现象，这是真的想改善房地产现状，还是想分更大一杯羹？投资房产暴利无限，人们趋之若鹜，贷款利率再高，能高过房产利润吗？高不过，人们还是会投资，即使冒着高利率贷款的风险……银行这样做，无非提高了投资房产的成本，而现在的房市是卖方市场，再贵的房子也会有人买。因贷款利率调高而导致的成本只会转嫁到买房者身上。这个过程中，银行一本万利，消费者又吃亏了。再说，真正把中国房价炒高的，又不是那些小打小闹的中产阶层散户，而是那些房地产开发商，是那些金融大佬们……提高贷款利率也只能打击一些势单力薄的业余投资者，迫使他们退出房市。房地产商是不会退出房市的，一则他们财大气粗，他们不贷款，调高贷款利率与其何干？二则房地产商本就是职业炒房者，总不能叫他们失业吧？这样一来，散户退出，房地产开发商要拍手称快了，因为和他们分享房地产蛋糕的人又少了，他们操控房地产的能力不降反升了。房地产的高额利润更加集中到了几个大型的房地产公司手中，也难怪中国的贫富差距越来越大……银行政策怎么看都像是政府搭台，房地产商唱戏，并且还不允许我们唱。

房价过高，房价超级高，该挨骂的不应该是那些炒房者，因为在市场经济中，理性的投资者都是追求利润的，只要他们的利润合法，他们的行为就无可厚非，甚至要大加鼓励，因为他们创造了社会财富，促进人民生活水平的提高。可以肯定地说，房地产的利润是合法的，炒房也是合法的。

2013 年多数城市的房地产调控目标“落空”，各地该如何面对年初立下的那份“军令状”，给公众一个交代？

2013 年年初，全国数十个城市提出了房产调控具体目标。除京沪两地语焉不详外，广州、深圳等地均表示目标为“房价涨幅低于人均可支配收入增幅”。然而，不少城市房价涨幅离年初设定的房地产调控目标相去甚远。

俗话说，“军中无戏言”，既立“军令状”，就该不折不扣地践诺。否则，就是失信、失德之行，令人侧目不齿。调控楼市、抑制房价，事关百姓切身利益与诉求。年初不少城市提出的房产调控目标，不是哪个官员信口开河、随随便便的戏言，而是一级政府部门对民众的郑重承诺，严格而言，其“赌注”是政府的形象与威信，是相关领导者的“乌纱帽”。

众多城市的调控目标难以实现，有专家认为原因在于“调控目标设定过于简单化”——房价是由多种原因造成的，包括供给方面、需求方面、政策环境方面，仅设定一个房价目标，而没有相应的措施，等于喊空话。但是，每一座城市的权力决策者，不可能不知楼市调控的“穴位”在哪。楼市调控政策指东打西，总瞄不准靶子，或者总是简单确定调控目标，根源何在？一方面，个别城市根本就没把“军令状”当回事，只是为了糊弄上级、欺骗民众。另一方面，个别地方政府打心眼里不愿从根本上解决房价问题，因为高房价可以带来高 GDP，增加地方税费收入。

“房价 70% 是税费”，恐怕没有多少决策者舍得放弃这块“奶酪”，甚至还想“一房四吃”，这才是调控“军令状”屡屡成戏言的关键，换句话说，有些地方对楼市调控阳奉阴违，“调控”仅是装腔作势而已。

其实，2013 年楼市调控“军令状”成戏言并非孤例，而是一种调控惯性。多年来，“国×条”“限购令”“20% 个税”……行政调控似乎无所不用其极，但有数据显示，2003 年至今，政府部门对楼市“十年九调”，房价却逆势上涨 10 倍，这对楼市调控是一个巨大的讽刺。房价调控屡屡“落空”，根源在于有些地方“假调控”。若真想调控，那就降地价，增加土地供给，减少重复收取的税费，联网摸清城市楼房空置率，及早出台《不动产登记条例》……只是，凡是触动地方政府利益的，往往岿然不动，调控屡屡指向购房者，这样隔靴搔痒、文不对题的调控怎么看都没有诚意。

年年调控年年涨，年年问责年年无人负责。严肃的楼市调控“军令状”成为戏言，公权力威信由此沦丧。不过，房价事关民生，也事关政治。房价涨幅过快，泡沫过大，势必会是一地乃至国家经济发展的厄运，绝对不能小觑。一些城市的决策者必须兑现调控“军令状”。没有问责，难有压力和羞耻感，畸形房价也注定无解，相关部门必须警惕和纠正各种楼市“假调控”。

如果真要调控房价，可以一招见效

近几年来，北京、上海、深圳等一线城市房价直线上升。房产中介门庭若市。重庆更是爆出万人抢购楼号的新闻。值得思考的是这当中有多少是真正需要迫切住房的工薪平民？有多少是为了抑制通货膨胀采取现金保值？又有多少纯粹是为了低买高卖赚取差价？

深圳财经频道曾举办过一次针对深圳小产权房和廉价房的节目，节目主持人和一些专家学者各自阐述自己的观点，众皆老生常谈毫无意义，唯有一君出语不凡，他认为廉价房政策是错误的，政府凭什么要提供廉价房？谁又能准确界定获得廉价房人群的资格？老百姓的说法最直白：高价房我们买不起，廉价房我们买不到。要从根上治理目前混乱不堪的房地产业局面，不能靠政府推出几套廉价房，这解决不了问题。

有专家认为，中国老百姓都习惯“居者有其屋”的千年古训，买不起房，可以租房嘛！西欧等发达国家大多数人都是靠租房过日子的。政府的高价地皮地产商不买，地就卖不出去。地产商卖高价房，工薪阶层不买，楼就销不出去。中间链条断了，高价楼市场泡沫也就不攻自破了。

这种一厢情愿的想法，太过理想化，太不近人情，也违背中华几千年的传统习俗，80 后、90 后成长起来了，到了谈婚论嫁的时候，女方的条件是必须满足的。小两口总不能长期跟父母拥挤在窄小的旧房子里过一辈子吧。现实买不起房的人，我看也未必租得起房，租得起房的人，也未必花得起大价钱去装修房子以适合小家居住。因为你拿不准房东明天是否要涨价，你拿不准房东是否要你明天就卷铺盖走人，你拿不准搬走时房东是否会好心地补偿你可观的装修费。所以房子还是要买的，一家人一辈子还是要一片自己的空间的。

我的观点是从根上治理地产界的混乱，从真正意义上做到“居者有其屋”是完全有可能的。得从政府的政策上做文章。大道理我说不好，让那些专家们去说吧，他们阐述地产高价现象时老是绕来绕去，什么人口红利、什么刚性需求、什么地产商囤积，什么温州炒房团把楼价炒高了，等等。就是不说真话，也不敢说真话，如果具有决策权的政府是为人民谋利益的政府，就有办法解决问题。

政府只对部分房价过高的城市进行调控。还有相当多的地方没有进行调控。投资客手中又有很多的流动资金，不投出去肯定不行，其他行业又不保险。最后还是会选择投资房地产——会到二线、三线房价较低的城市去投资房地产，这样二线、三线城市房价就会上涨。所以最近新闻报道说二线、三线城市房价在上涨，涨幅比较明显。当二线、三线城市房价涨了，跟一线城市房价差距不大的时候，那一线城市的房价还高吗？

回顾总结十年九次出台调控政策，结果却是房价越调越高，房地产泡沫越吹越大，城市居民越来越望房兴叹。社会各界都在寻求个中原因。这几年先后出台了新旧国十条、新旧国八条、新旧国五条。然而，终没能阻止住疯狂飙升的房价，没能阻止住房地产泡沫被不断吹大，一次又一次让寄予厚望的百姓失望甚至绝望。要说政府公信力下降的话，那么，房地产调控政策失效失策，房地产调控屡屡流产，无功而返，对政府在民众中的威信造成的影响最大。

其中有一股“巨大”力量在暗地里支撑着房地产泡沫，支撑着房价走高。不可否认，一些地方政府出于房地产 GDP 政绩、房地产税收和土地财政等原因，扮演着一边口头上执行房地产调控政策，另一边却大肆推高地价和房价的两面派角色。不过，笔者所谈的暗地里的“巨大”力量是比地方政府还要强大的力量，即大肆放水投资和放水货币信贷的洪流。

多年调控房地产无果，我们发现房地产发展与大投资、货币信贷放水之间的函数关系和曲线呈现出正函数、正比例的轨迹。这种关系大大抵消了房地产调控的所有措施，哪怕是所谓史上最为严厉的调控措施。不妨简单进行回顾分析。

2007 年在房地产调控稍有起色时，遭遇了美国的次贷危机，接着爆发了 2008 年的金融危机。这期间 4 万亿元大投资支撑住了房地产泡沫和高房价，使得这一轮房地产调控彻底淡出。

金融危机过后，2009 年年底房地产调控开始“加压”时，又遇到了 2010 年我国经济的二次探底，地方主导的大投资又开始爆发，货币信贷加上地方融资平台再一次大放水，而大部分都进入到了房地产领域。房地产泡沫继续吹大，房价再次攀升，调控政策再次失效。

2011 年后，政府加大调控力度，受到限购限贷政策影响，商业银行笼子里的资金进入房地产受到了一定程度的限制。但是，房地产绕过金融笼子直接融资比重正在不断攀升，已成为房地产开发企业重要的资金来源之一。

其所占比重由 2004 年的 30% 上升至 2012 年的 40.5%，资金总额在 8 年间增长高达 6.5 倍。这与央行公布的社会融资总额趋势惊人的一致。其他社会融资大部分进入到了房地产领域，特别是信托融资。这再一次吹大了房地产泡沫、继续推高着房价。

大投资背后的货币大量投放、货币严重超发“保护”掩盖吹大了房地产泡沫。笼子内外货币信贷一轮又一轮投放，使得房产泡沫一轮又一轮被吹大，房价一轮又一轮被推高。

事情已经非常清楚，政府主导的大投资，货币信贷的大放水是支撑高房价、吹大房地产泡沫，与房地产调控政策厮杀博弈的一股“巨大”力量。也就是说，只要管住货币信贷，不放水货币信贷，不再进行政府主导的大投资，就将对房地产泡沫和高房价起到釜底抽薪、切断其血液、击中其命门的作用。高房价不降都难，房地产泡沫不消退都难。根本不需要什么国五条、国八条、国十条。

土地是国有的，一国的公民理所当然应有居住的权利。公民购买商品住房只需交纳材料及建造费等相关费用，而不应交“土地使用费”。只有下列情况才需交纳“土地使用费”：用于商业用途的房屋，如酒店、商场、宾馆等；商住两用的商业部分需交纳比现在还昂贵的“土地费”，住房部分则不需交纳“土地费”；外籍人士要在中国购买住房则必须另外支付昂贵的“外籍人士土地费”。

房产商不再需要买地了，更不会去拍卖天价地块了，只要在建造成本和材料上加上行业规定的利润额度，房价成本降了一大截，所有问题就迎刃而解了。不过地也不是好拿的，国家出规划，设计部门出图纸，地产商出资金，承建商出预算，质检局检查质量安全，公检法专项打击违法犯罪，政府立法。所有的漏洞不用堵就堵住了。地方政府出卖商业用地，财政有保障，地产商能赚到钱，老百姓也能买得起合理价位的住房。

如果真的要调控房价，可以一招见效，就是银行可以停止贷款。这符合市场规律，银行不贷款给你，你有钱就去买吧。没有钱就不要买，没有钱你还怎么买？需求自然会降下来，银行干吗要支持你买房子？上面在调控房价，下面在偷偷托起来，这不是很矛盾吗？这就等于自己打自己嘴巴。原因在于国家要拉动 GDP，就会增发货币，用投资来刺激经济增长，而银行也想放贷赚钱，

银行想赚这个钱，如果真要调控，银行停止按揭贷款，没钱你就先等着，至于为什么没钱，那是另外一个话题。这很简单嘛！房价肯定降下来。一招见效，完全可以这么做，为什么不去做？不就顾忌房价掉下来，银行的款贷不出去就没钱赚了。

对现行分税制进行调整。分税制改革以后，地方政府的财权减少了，事权反而在增加。地方政府不仅要发展经济，还要提供足够的公共服务、公共产品，但它面临着资金短缺的困扰。目前，地方政府基本上就是通过土地出让金、房地产相关税费收入来填补这个资金缺口的。所以说从利益驱动方面来看，地方政府是没有任何动力去抑制房价的。道理非常简单，房价上涨，才能拉动地价上涨，地价上涨，地方政府才能获得更多的土地出让收入。无论房地产调控措施多么严厉，最终都要靠地方政府来落实，由于受制于利益因素，地方政府在执行房地产调控房价时只

会阳奉阴违。因此，要从根源上来解决这一问题，必须对分税制进行调整，增加地方政府的财政收入，只有在它的财权得到保障的情况下，才可能真正地落实抑制房价上涨的措施。

改变现行的官员政绩考核标准。现在主要以 GDP 来考核干部政绩，地方官员为了获得更高的 GDP 增速，更有动力推高地价、房价，以提升其进行基本建设投资的能力，推高 GDP，获得更多、更好的升迁机会。只要这种畸形的干部政绩考核标准不改变，地方官员推动房价上涨的动力就永远不会减弱。GDP 只是量化经济活动的一个指标，世界上绝大多数国家在追求民众幸福指数的提高而非 GDP，我国的许多官员本末倒置，在畸形的考核制度下，把 GDP 当成唯一的追求目标。试想，在这种考核标准下，哪一位官员能够真正关心民生呢？因此，现在必须尽快调整对官员的考核标准。因为这种 GDP 的增长本身就是虚的。

第八章　中国经济虚增长与结构调整转型升级之路

说了这么多，现在我们终于明白了，要想让房价下跌，中央政府必须拉闸，GDP 必然下滑，中国经济必然陷入衰退的泥潭；地方政府财政收入剧减，政府何以运转，公务人员如何生存？

如果能解决以上两个问题，即房价下跌而 GDP 不下降，地方财政收入不减少，这才是从根本上解决了房地产问题了，而这样的解决方案同时也必然是中国经济困局的一揽子全方位的根本解决方案。

首先我们必须说明，靠房地产拉动的经济增长，主要是卖地带来的经济增长，而土地本来存在，本来就是人民的，关键是以前没有货币化，因而没有计算财富，没有计入 GDP，现在突然被全额计入了，而且是以全世界最高的价格计入的，这其实不是 GDP 的真增长，而是虚增长，完全没有意义。这就从根本上说明了依靠房地产拉动的经济增长是虚假的社会价值，这种政绩是虚假的，把它调下来对社会经济和人民福祉没有影响。

其次，笔者提出了能够替代房地产促进中国经济真增长的方法，而且同时能够解决地方政府的土地财政问题，解决中国企业的赢利问题，中国经济的结构调整、转型和升级问题，解决美丽中国、生态中国问题，解决中国梦的实现问题。

解决这所有问题的总按钮是——品牌——品牌强中国，实现中国梦。

假如中国经济走品牌之路，品牌意味着增加附加值，可以卖更高的价格，从而可以大幅度增加 GDP，品牌可以拉动 GDP 增长，而且由于品牌的附加值很高，中国可以打造的品牌还有很多，所以 GDP 拉升的空间很大，而中国打造品牌的路还很长，品牌又是可持续、可传承的，因此品牌拉动 GDP 是长期高速可持续发展的。

假如中国经济走品牌之路，各地都涌现出一大批品牌企业，地方政府的税收收入将会源源不断，根本不需要依赖卖地来维持，地方政府彻底走出了土地财政的恶性循环。

假如中国经济走品牌之路，中国的粗放式经济增长方式就可以得到根本改变，转变为集约式经济增长方式，减少宝贵的原材料、资源、能源、劳动力等的消耗，减少对环境的污染和对生态的破坏，同时降低中国经济对房地产投资的依赖度，这样一来，中国经济的结构（依赖房地产投资的比重大大下降，产能过剩的比重大大下降）不就得到调整了吗？中国经济不就实现了转型——由粗放式经济增长向集约式经济增长转型——和升级——从中国制造和房地产开发向中国品牌升级——了吗？美丽中国和生态中国——环境污染和生态破坏减少了，资源、能源、原材料的消耗减少了——不就实现了吗？

假如中国经济走品牌之路，中国企业也可以走出产能过剩和不赚钱的困境了，中国也可以走出低价贱卖——倾家荡产＋流血流汗——的困境了。

假如中国经济走品牌之路，中国出口的贴牌产品统统换成中国品牌，中国产品高价卖到全世界，赚回来的钱再来支持科技创新和发展高科技，中国的产品、中国的企业、中国的企业家、中国人民和中国整个国家在国际上将更受尊敬，中国的国家形象将彻底改变。

中国经济的发展，是卖地卖出来的

中国 960 万平方千米，本来一分钱没有算入 GDP，现在假定一平方千米卖一亿元，就是960万亿元，钱就这样卖出来了。GDP就这样增长了。

而这些钱都是我们老百姓给的，老百姓把钱给了国家，这些地本来就是老百姓的，没有增加任何东西，把它拿来卖给老百姓了，就像卖空气一样，空气本来就有的，只是卖了一下而已。

以北京为例，京华时报2010年12月23日报道：继Z14、Z15地块落定后，12月22日土地储备中心再次公布了Z3、Z4、Z5、Z6地块，即原中服地块的最终结果。两天内，CBD6地块全部落定，总地价款达222.57亿元。至此，北京全年土地出让收入已达1430亿元。在剩下的9天内，北京还有土地出让，此前招标结果也会陆续出台。

土地是不可再生的资源。这是傻瓜都知道的事实，但却被很多人遗忘或视而不见。很多地方，把创造财富的办法寄托于卖地。虽然有了收入，但也带着肮脏和耻辱，把自己弄得遍体鳞伤。

资源是子孙后辈的饭碗。人们常用杀鸡取卵、竭泽而渔来形容为眼前利益而不顾长远发展的做法。我国虽有960万平方千米的土地，但被水泥和砖头蚕食的又有多少？怕是一笔很难算清的糊涂账，也没人愿意去算。当土地便宜到可以用金钱去交换时，当金钱可以换来政绩和荣耀时，当政绩和荣耀又能成为一些人升官进财的资本时，谁会真心实意地想着子孙后辈的饭碗？

当看到某些地方卖了多少土地，有了多少亿元的收入，居然还想拼个第一时，有多少人在扼腕叹息？民以食为天，食以地为生。无地无食，何来苟活之机？放眼全国，不仅仅是北京、上海在卖地，而是普遍刮起了一股卖地的风潮。如果统计部门有兴趣，给我们一个不注水的数据，人们定会理解“可怕”的真义。日复一日，土地消亡。卖地风不止，国家安全不在，民生希望何存？

早在1977年，邓小平在科学和教育工作座谈会上就提出：“我们国家要赶上世界先进水平，从何着手呢？我想，要从科学和教育着手”“不抓科学、教育，四个现代化就没有希望，就成为一句空话”。明确把科教发展作为发展经济、建设现代化强国的先导，摆在中国发展战略的首位。从20世纪70年代后期到90年代初期，邓小平同志坚持“实现四个现代化，科学技术是关键，基础是教育”的核心思想，为“科教兴国”发展战略的形成奠定了坚实的理论和实践基础。

看看我们现在，举国上下都在卖地、卖矿，科教兴国的战略，被执行成了教育产业化，教授不像教授，专家和学者成了利益的代言人，上层精英们都在忙着做生意“赚钱”，社会风气日落西山，人都快成了精。

一个国家的发展不能鼠目寸光，看看美国、俄罗斯，他们不也是地大物博吗？难道他们国家的发展是靠政府整天卖地卖矿卖出来的吗？再看看日本，弹丸之地，如果让我们的政府官员去管理日本的话，那要卖什么呢？土地就那么点，又没有矿产资源，难道就不能发展了？但是人家就是比我们发展得好。为什么？有些无能之人就会找理由了，说人家历史不同等之类的理由。中国人不是比人家笨，关键是不是真心真意在为我们的民族长远利益考虑。

国家的发展需要在为人民服务的指导思想下，来制定一个长期的健康的循环发展模式，所谓的健康循环发展模式，就是要为了满足大多数人的生存生活正常合理积极向上的需要，而不是满足极少数人的个人私利而发展。我们现在卖地卖矿的发展模式长久不了，难道美国和俄罗斯人比我们笨吗？

再比如江西，2012年各项经济数据陆续对外公布，一份关于2012年江西各县市的GDP排名出炉。深究这份名单并没有太多实际意义，但有个非常有意思的细节，就是卖地卖矿的县市GDP始终处于领跑者的角色，这就值得反思！

一类县市是南昌县、新建县、进贤县这些离南昌都市圈非常近的县市，借助于近水楼台的优势，使得该区域地价房价奇高，为 GDP 贡献出巨大产值；另一类则是丰城、贵溪这样的矿区城市，江西目前是中国主要的矿区产地，铜矿煤矿以及稀有金属等资源极为丰富，而贵溪、丰城本地江西铜业、丰城煤矿及发电等企业作为江西的龙头企业，同样为江西 GDP 贡献出巨大产值。

常年以农业大省自居的江西工业经济结构单一，始终摆脱不了以卖矿资源发展的模式，好在近十年房地产业的兴起，城镇化的大推进，又给江西找到了一条新的发展之路——卖土地资源。

令人担忧的是，江西经济发展始终处于卖资源的初级阶段，而这些资源又是不可再生的稀缺资源，如果开发有序有节制还能保持健康循环发展，一旦无序开发，将是灾难性的，我们还能为后代留下什么？

拿我们各地政府的地价涨幅和全世界做比较，包括石油价格，包括重金属价格，甚至期权，你会发现地方政府天价卖地超过任何国家，而且只涨不跌。这种高地价的必然结果是大幅拉升房价。为什么很多地方政府这么热衷于卖地？我们做一个假设，地方政府上台之后什么事都不要做，他只要卖地就好了，卖一块地 GDP 上升一块地，卖两块地 GDP 上升两块地，而且卖的价格越高越好，越高，GDP 越高，这跟污染是一样的，你觉得我们过去这几年的经济发展，地方政府会在乎污染吗？污染无所谓，来一个污染 GDP 就上升，污染能创造 GDP，如果污染严重了怎么办？就治理，而治又创造 GDP，这多好啊！而埋单的又是老百姓，这就是所谓的房改之后住不起房。这是干部考核以 GDP 为纲导致的怪现象。

中国经济增长、发展了三十年，我们都认为中国的经济增长很厉害，但是我们想想是靠什么发展的？其中很大的一部分是房地产，是卖地所得。中国这么多人，全民都在买房，从而刺激了中国经济的发展。

首先是带动了房地产及相关行业，然后又带动了其他各行各业，每个人的房价都加到了其他行业里去了，由别的企业给它埋单了，这都是在拉动。这个房价是怎么来的？主要的是地价，如果没有这块地价房子很便宜，所以房价大部分都是地价，也就是说我们是在卖地，国民收入当中极大的部分是卖地获得的，卖地什么意思？这块地本来就存在，卖一下而已，没有创造财富，这地不是从美国拿来的，不是生产出来的，本来就有地而你把它货币化了，变成钱，国家就有钱了，这就是改革改出来的怪胎。

中国的经济就是这样发展起来的，其中很大一部分 GDP 就是卖地得来的，这是 GDP 的秘密。为什么中国 GDP 增长高达百分之十，而欧美国家是百分之一二？因为人家是货真价实的真增长，是高科技，是品牌，是创造真财富，而我们国家是假增长，只是将原来存在的财富货币化而已，就是说我们全中国以前住的地方不要钱，现在要交钱，这个钱就成了国家的国民生产值，GDP 增长得很快。

中国经济中的 GDP 有一部分是虚假增长，因为没有创造价值

GDP 是什么概念？GDP 是一个国家创造的财富总量。比如说手机卖给你，你原来没手机现在有手机了，这个手机是创造出来的财富。比如说这水不干净，把它加工成纯净水再卖给你，你喝了后变得更健康；糖果是你生产出来的，拿去吃了享受；大米是种来吃的，防止饥饿。这些都是有创造的财富的增加，而这块地本来就存在，只不过是卖了一遍，让你掏钱而已。这么多年来，中国都在卖地，卖地的钱都算作了 GDP，

如果把这部分GDP扣掉的话，中国的经济增长率至少得减掉一半，也就是3%~4%而已，根本算不上什么奇迹，也谈不上高速。在市场经济国家，比如美国，土地早就私有化了，而且是永久性的，早就已经被计入了GDP，GDP的增长反映的是增量，而不是全部；而我们国家30年前这些地全部以零计入GDP，现在则以全额计入了GDP，GDP突然变得非常大，全部当作是该年度新创造的财富，GDP的增长率当然会很高，这样中国表面上是富起来了。

例如，2009年我国国民经济增长率达到8.5%左右，也就是净增了2.67万亿元。这2.67万亿元怎么来的？主要是房地产，也就是房地产行业的增加值，其中主要又是政府出让土地的增加值。2009年全国土地出让金收入累计约1.6万亿元，也就是说，一半多的GDP是虚增长，国家卖地卖出31.9万公顷，总计1.6万亿元。GDP是所有部门销售减去购进的净增长部分。由于国有土地原本没有"购进"，不是从谁手里买来的，是老祖宗留下的，没有成本的。因此这1.6万亿元全部是"净增长部分"。新增1.6万亿元"财富"，就要有对应的货币。实际过程是银行通过新增贷款（给房地产商或房地产开发商让买房人用按揭方式形成贷款），也就是新增货币来实现的。也可以说这些财富是银行"印出来"的。如此"白印"钞票的畸形"产业"自然急需调整。可一旦调整就意味着对GDP增长的打击将是毁灭性的，对地方政府卖地"毒瘾"的打击也将是毁灭性的，谁又有此魄力，地方上又有谁会听？

自然资源遭毁灭性开发。20世纪80年代经济刚刚起步时，中国以大量的煤炭、木材向日本换取外汇，再购入人家开始淘汰的电子产品。这种卖血换胭脂的做法至今仍在实行。比如中国稀土就仍在低价出口。这些年的所谓开发，土地资源、矿产资源遭到疯狂掠夺，民间把这叫作"吃子孙饭"，叫"卖地经济"。

将“无价”的土地高价卖给中国人自己，而且只卖使用权

与将资源和血汗低价贱卖给外国人相对应，中国经济过去30多年高速增长的另一个显著的特征是将本来就“无价”的土地高价卖给中国人自己！土地本来就是中国人的，原来没有商品化即没算钱，现在突然一夜之间拿出来卖了，商品化、货币化了，而且卖到了全世界最高的价格（相对价格），“土地”这部分财富本来就存在于中国，只不过原来没有被“量化”而已，因而没有被统计为国民收入也即没有统计到GDP里面去，而现在一夜之间统统予以“量化”，统计为国民收入，统计到GDP里面去了，从而导致了GDP爆发式增长。中国经济过去30多年高速增长的GDP里面有相当一部分是高价格以货币形式量化了并卖给中国人自己的卖土地的收入。众所周知，中国的房地产市场是畸形的，价格是奇高的，房地产领域造就的上福布斯排行榜的中国富翁一直是最多的，支撑中国政府运转的庞大的经费来源——各地方政府的财政收入主要是靠高价卖土地得来的，房地产绑架了中国经济，360行、全中国人民都在为房地产行业“打工”。中国的高房价里面绝大部分是土地的价格！换言之，是将原来不算钱的土地算成了钱从而才形成了中国经济30多年来的GDP的高速增长，又换言之，改革开放以前或准确地说是土地使用权有偿使用改革以前，土地早已存在，已是中国的财富了，但它没有被统计在GDP里面，而在改革之后则被量化被卖了一遍从而被统计进GDP里面，这样GDP不就一下子增加了吗？但是，我们知道，我们没有创

造土地，这部分财富不是我们新创造出来的，却被当作经济增长了！房价（地价）是奇高的，增速是过快的，卖的还只是使用权，只有70年，而且还都是卖给了中国人！说得更明白一点，GDP增长里面有相当一部分是土地量化所带来的虚高的成分，是有“水分”的，而且这“水分”还不小。

究竟把什么算作今天的GDP

今天我们终于明白了，这些年来房价涨幅过快、GDP也是高速增长的原因了。房价奇高是什么概念？原来不算钱的土地不仅被算作了GDP，而且被以特别高的价格算作了GDP。房价涨幅过快意味着什么？被算进GDP的土地价格不断地上涨从而导致了GDP的上涨。70年使用权是什么概念？原来不要钱的因而不是GDP的土地，现在拿来出租给你，而且是一次性收未来70年的租金，这未来70年的租金被算作了今天的GDP，这是典型的寅吃卯粮式的计算方法，本来要70年来分摊的GDP被一次性地算进了一年的GDP里面，GDP能不增长吗？就像你把未来70年的工资从银行里一次性贷出来放在家里算作今年的收入一样，今年的收入能不增长吗？很多人买房之后活不了70年了，等于是把他们下辈子该付的钱也算作了今天的GDP，你能把下辈子的收入算作今天的收入吗？这就是今天的GDP的计算方法。你付不起钱怎么办？不要紧，银行给你贷款，贷款还有利息，70年的利息也算在今天的GDP里面了。中国经济30多年的高速增长的GDP是这样得来的。我们没有创造土地，土地却突然被以高得离谱的价格计入了GDP，这与西方国家是不一样的，西方国家的土地早已私有化，一直在买卖，西方国家把地价计入 GDP，GDP 的增加是能够反映土地价值增值的，而我们由于以前土地不是商品，是无偿划拨，无偿使用，没有买卖，也就未被计入 GDP，现在一下子突然量化，全部计入，其实是把土地的全部价值都当作了增加值，是把存量当作增量了，这是两个完全不同的概念。另外，众所周知，我们土地实行两级所有制，即国家所有和集体所有制，城市的土地属国家所有，农民的土地属集体所有，国家从农民那里把集体所有的土地以极低的价格收归国家所有，然后再以很高的价格卖给房地产商，房地产商再将很高的房价卖给老百姓，然后计入 GDP。国家从农民手里把土地收归国有是采用青苗补偿费一次性买断的形式，由于农民目光短浅，不懂金融，预测不到未来几十年的货币贬值程度和通货膨胀速度，把几十年的青苗补偿费一次性交给农民，农民的土地就是国家的了，农民看着几十年的青苗补偿费好像是一大笔钱，挺多的，其实农民哪里知道，今天的亿万富翁与 20 世纪 80 年代改革开放初期的万元户是一个概念，换句话说，30 年，货币贬值了一万倍，今天一亩地卖了一万元，相当于 30 年后只卖了一元，农民不明白这个道理，国家公务人员不会全不明白这个道理，但他们没有必要告诉农民这个道理，而这实际上对农民的土地是一种剥夺和掠夺，却转身就被以高价计入了 GDP，GDP 越高，农民被掠夺得越多。

中国人真的富了吗

中国人真的富了吗？非也。别看中国人生活好像好了，很多人都有自己的房子住了，但是中国人很多都负债了，被房地产套牢了。我们买

的房子其实是付了70年的土地使用权的租金而已，70年地租连同银行贷款的利息一次性付给了国家，计入了当年的GDP，我们很多人从买了房子那天起根本不可能再活70年了，我们等于是在为下辈子甚至是下下辈子付房租，不，是地租，以便将这些租金连同银行贷款利息一次性计入当年的GDP。我们欠债了，要几十年才能还清，这是寅吃卯粮，把未来几十年的钱提前拿来花掉了，计入了当年的GDP！虚假的繁荣，虚假的GDP增长，虚假的富有。现在我们的生活压力很大，到处都是蜗居、打拼、北漂、南漂，这且不说，我们还负了债，房子压得你几十年抬不起头来。再想想我们今天的工作，压力大，付出多，回报少，物价又高，中国的经济就是这样发展起来的。中国的经济增长率虽然长期高达10%左右，但那是虚增长，欧美国家虽然只有很低的1%、2%、3%，但人家是真增长，咱们是假增长，是虚假繁荣。

靠卖地发展地方经济，维持地方财政收入，甚至养活行政人员，这种过多地依赖非税收入的增长来维持公共财政显然是不可持续的。毕竟，土地有限，终究会有一天，地方会无地可卖，或是因为土地市场饱和而无人买地，届时，地方财政将何以为继？先卖土地给开发商，赚个盆满钵满（当然这些钱最终转嫁给购房者），这种做法，是公众鄙视的。毕竟，社会财富的蛋糕是固定的，地方政府吃完卖地的钱，再吃房产税，老百姓的财富必然被一次次地抠减而“缩水”，如此循环往复，民不会富，国也不会强，唯一的可能就是恶化干群关系，影响社会和谐与稳定。这样的发展模式无疑将会导致中国经济崩溃。

土地资源是有限的，土地财政没有可持续性，而且还存在很大的政策风险和市场风险，一旦楼市泡沫破裂或者政策调控加码，财政危机就会立即降临。因此，土地财政犹如慢性毒药，地方政府如果不及时醒悟，总有毒发的一天。

“抢收土地财政”对实体经济的伤害更大，会造成资金流出实体经济，流入地产市场。很多从事制造业、服务业的私企老板纷纷转行房地产，原因在于制造业、服务业的利润低、回报少，而房地产依然是高利润行业。还有，“抢收土地财政”让土地市场升温，最终会影响到制造业、服务业的成本。

各地力推土地拍卖的行为，也给楼市释放出一个积极信号，显示出地方政府有可能迫于财政压力，对楼市调控政策再次放松，致使房价重回上升通道。如此一来，弃经济结构调整于不顾，将会制造更大的泡沫危机，深深陷入虚拟经济之中。温州、鄂尔多斯等地正在发生的民间借贷危机、楼市崩盘危机、担保债务危机等，均敲响了虚拟经济的警钟。再这样下去，危机恐将蔓延至全国各地，大家都要为此背负上沉重的包袱，而经济转型也将遥遥无期。

财政歉收，卖地来凑，本身就反映了这种土地财政已经成为地方主政者的路径依赖。国家提出稳增目标，其中本身就包含了“调结构”的需求。以卖地拉动增收，依然走的是投资型经济增长的老路。它在带动财政增收的同时，也在进一步掩盖经济中的结构性矛盾。且不说土地资源对于地方来说相当有限，从稳增长调结构来说，它又会刺激房地产等行业的回暖，消解国家的相关调控。

卖地当然是实现财政收入的一个重要砝码，但它必须有一个前提就是，地方要有利用价值的闲置土地。不难发现，卖地潮多现于大城市或经济发达的区域，而在内陆三线城市，更多的可能面临由于前期剧烈的土地财政而导致无地可卖的情况。由于过度依赖土地刺激，稳增长中的“结构性减税”被架空，产业优化和转型只能再次被搁置。

有一个故事是这样说的：村委会的会计回答说：政府花 8 万元将你家的 2 亩地征收，然后 400 万元卖给房地产开发商，再然后你儿子拿征地所得的 8 万元和他们两口子攒下的 8 万元去交了首付，并当20 年房奴！大爷听完后流泪地说：这不就是抢劫吗？

这就形成了房奴，房是房屋的房，奴是奴隶的奴，意思是房屋的奴隶，房奴是指城镇居民抵押贷款购房，在生命黄金时期中的 20～30 年，每年用占可支配收入的 40%～50% 甚至更高的比例偿还贷款本息，从而造成居民家庭生活的长期压力，影响正常消费，使得家庭生活质量下降，甚至让人感到奴隶般的压抑。

“房奴”队伍的膨胀是金融风险的预警信号，应当引起政府宏观调控机构和金融监管部门的重视。如果不能促使商业银行加强风险管理、严格贷款审批、提高贷款门槛，房价不可能下降，“房奴”不可能减少，国民经济健康发展的风险和隐患也就越来越严重。

将资源和血汗廉价出卖换回的是什么

中国过去 30 多年经济增长有两个显著的特征。

1. 资源和血汗的半卖半送

以制造业为特征，中国成了“世界工厂”，中国制造消耗了宝贵的原材料和能源，破坏了生态，造成了环境污染，这些都是一个国家最宝贵也极其有限的资源，其付出的成本和代价是十分巨大的。同时消耗的还有中国人民宝贵的廉价劳动力即血汗，而人是最可宝贵的，用人的血汗换取财富，这本身又是与人民追求财富是为了获得幸福的本质目的相违背的，这些都是发达国家从自身的经历中总结出来的。最为珍视、最不愿意付出因而才将制造业转移到发展中国家，而中国正是承接了这种转移。按道理，用这样宝贵的资源和血汗，付出如此巨大的代价，生产出来的产品应该卖大价钱获得巨额财富才对，可是由于没有品牌，不懂品牌运作，没有品牌意识，只有低价贱卖了，而让发达国家的品牌运营商们贴上他们的品牌卖了高价，钱都被他们赚走了，财富都被他们攫取了。

而为了把价格压到更低以使中国产品在国际市场上更有竞争力，中国政府还长期采取出口退税的补贴政策，以鼓励出口，说白了就是鼓励中国的制造企业把中国制造的产品以赔本的价格卖给外国品牌，换句话说，这部分出口退税的补贴相当于是将中国宝贵的资源和血汗白送给了外国品牌——低价贱卖还不够，还要白送。这就好比商场搞促销一样，没有品牌的产品光是把宝贵的东西低价贱卖还不够，还要半卖半送，打折促销。中国经济 30 多年的高速增长（GDP）就是这样换来的或者说是获得的！可见其代价多么高昂！损失有多惨重！

而另一方面，美元相对于人民币的不断贬值，则又意味着即便是用如此宝贵的资源和血汗低价贱卖、半卖半送、打折促销换来的外汇美元还在不断地贬值，这又相当于我们用如此宝贵的资源和血汗生产出来的产品白白地送给人家了，美元的不断贬值意味着我们的产品不断地在白送，即过去 30 年低价贱卖出口的真财富正在不断地变成白送，或者换句话说，我们如此宝贵的资源和血汗既已低价贱卖、半卖半送了，现在还要在此基础上进一步白送！比如，我国目前拥有 4 万亿美元的外汇，美元每年贬值 10%，即每年 3000 亿美元约 2 万亿元人民币所对应的一个国家最宝贵的真财富就没了，10 年之后——仅仅只需要短短的 10 年，中国过去 30 年生产出口的宝贵的真财富就有一半变成了白送，而 20 年之后——仅仅只需要短短的 20 年，中国过去 30 年所有真财富统统变成了白送！30 年倾家荡产将一个国家最宝贵的真财富——原材料、资源、能源、环境、生态、廉价劳动力——白送给外国人换来了我们过去 30 年 GDP 的高速增长！这是出口拉动经济增长模式所付出的代价！其代价多么高昂！损失有多惨重！

当然，你会说，货币是一般等价物，我们不也可以拿外汇去买人家有价值的东西吗？说得好！遗憾的是，人家比咱们聪明，人家早已给咱们策划好了，人家的原材料、资源、能源——这些最宝贵的财富——人家不卖，人家最值钱的东西是高科技和品牌，这两样人家也不卖，而人家的劳动力不廉价，不仅不廉价，而且还极其昂贵，我们既买不起，也没必要买，咱们自己有的是廉价劳动力。结果我们不得不用倾家荡产换回来的外汇美元去买人家的国债，这等于把钱借给美国，富人借穷人的钱花，这是富人发家致富的秘诀。研究美国的发家史我们可以发现，美国政府从建国的第一天起就是靠借债来运营的，美国人善于透支未来，这回它把中国过去30年出口的真财富当作未来进行透支，而在未来，且不要说钱在贬值，它甚至根本就没想还！我国曾经用巨额外汇买了美国两房——房利美和房地美——的垃圾债券，今天不已经成为废纸了吗？你能保证美国的国库券将来不会成为废纸吗？要知道人家比咱们聪明，人家早已给咱们策划好了，算计好了。换句话说，人家根本不需要通过美元贬值，等20年后再把咱们的巨额外汇储备变成一堆废纸，人家现在就给你全部拿走，换给你一堆将来成为废纸的债券！次贷危机下，美国的两家房贷抵押机构“房地美”和“房利美”公司崩盘破产，荣登美国“两房”公司外国债权人榜首的居然是中国，一共持有高达3763亿美元债券，约占中国外汇储备总额21%，结果在次贷危机中暴跌88%，几乎已经归零了。自2004年开始，中国对美国债券的持有一直在高速增长，从2004年到2007年惊人增长三倍，高达到9220亿美元，仅2006年到2007年间，中国对美国债券的持有量就增长了66%。在美国次贷危机露出狰狞面目的前夜，中国仍然痴心不改地不断大手笔增持美国债券，中国30多年改革开放换来的外汇家底大部分都套在里面了，早晚也是垃圾。

这就是过去30多年没有品牌只有低价贱卖的出口导向型经济发展战略的后果！

即便是这样，这种战略也已经走到了它的尽头！众所周知，任何一个国家的资源是有限的——能源、原材料是稀缺的，环境、生态是不可再生的，用完了就没有了，破坏了就难以恢复了，廉价劳动力也是暂时的，这就决定了这种粗放式的经济增长方式是不可持续的，是有极限的，必须转型升级为集约式增长方式，即不需要通过大量消耗能源和原材料，破坏环境和生态，不需要通过消耗大量的廉价劳动力，就能获得巨额财富，获得经济增长，这种经济增长的方式，最好的就是打造品牌了。而之所以中国制造 30 多年获得的经济增长是以大量消耗能源和原材料、破坏环境和生态、消耗大量的廉价劳动力并低价贱卖、半卖半送、不断地白送给外国人为代价的，就是因为中国制造的产品没有中国品牌，没有品牌，只有低价贱卖，只能半卖半送，甚至是白送！没有品牌就没有超额利润，即实现不了超额剩余价值，企业就不能获得丰厚的赢利，社会财富就不能真正增值。30 年的中国制造，虽然形成了可观的 GDP，但就整个国家而言，却是亏本的。这种国家层面的亏本比像冰岛、希腊这样的国家破产还糟糕，希腊、冰岛国家破产其实是指政府口袋里没有钱了而已，政府入不敷出，负债累累，但国家并不一定就很差，尤其人民生活水平不一定很差，这些国家往往是小政府大社会，穷政府富人民，藏富于民，政府破产，国家和人民并不穷，资源丰富，环境优美，人民富裕而幸福，这与我们把国家的资源贱卖，能源消耗，环境污染，生态破坏，人民血汗榨干而政府可能还很富裕是有本质区别的。

2. 资源与血汗换来的血汗钱一部分高价买了土地使用权

中国经济 30 多年的高速增长意味着，一方面是将中国最宝贵的资源与血汗低价贱卖，半卖半送，买一赠一给外国人获得的，换句话说是靠倾家荡产、流血流汗获得的；另一方面又将如此这般获得的血汗钱用来买了自己家的原来不要钱的现在则价格高得离谱的房子，即付未来 70 年

的土地使用权转让租金了，70年后房子和土地都还不是你的，转了一圈钱又回到了地方政府的手里去了，回到了房地产商手里去了，回到了银行的钱库里去了。说到这里你也就明白了，为什么房地产行业的富翁那么多，中国的政府官员那么富有，中国的银行那么有钱，而老百姓的日子过得这么难的原因了，尽管中国经济高速增长了30多年。

中国的房地产行业是一个暴利的行业，这已经成了地球人都知道的公开的事实，长期以来，每年福布斯中国富豪排行榜单上上榜富豪最多最耀眼的就是房地产行业了。而地方政府和银行从房地产暴利中也分得了很大一杯羹。

根据英国《银行家》杂志发布的一项调查，全球利润和资本规模最大的1000家银行2013年总利润达高达9200亿美元，而中国各大银行占比超过三成，税前利润共计2920亿美元，占据了全球1000强银行利润总额的32%。中国四大行包揽了前四强，中国工商银行以550亿美元的利润独占鳌头，中国建设银行、中国农业银行和中国银行分别占据后三个席位。美国的银行总利润1830亿美元，占全球1000强银行的20%，其中富国银行（Wells Fargo）以320亿美元的利润名列美国第一。日本银行赢利640亿美元，占据7%的份额，紧随其后的是加拿大（390亿美元）、法国（390亿美元）、澳大利亚（390亿美元）、巴西（260亿美元）、英国（220亿美元）。中国的银行业为什么那么富？得益于房地产贷款，房价高，上涨过快，房地产贷款金额大，利息收入稳定，风险小，是其主要原因。

而我们前面已经讲到，中国银行业暴利的很大一部分又被外资银行即外国品牌银行掠夺走了。

假如我们将70年土地使用费即租金一次性算作当年GDP的部分扣除，假如我们将由此而产生的银行利息算作GDP的部分扣除，假如我们再将从农民那里超低价盘剥来（征用）超高价卖出去的土地70年使用费的差价算作 GDP 的部分扣除的话，我们每年的 GDP 增长远远没有那么高！这我们从中国人的收入与 GDP 的比例可以看出：其实 GDP 的增长并没有给人民生活带来多大好处，“虚长”的部分太高了。

我们来做一道算术题，把全国人民的工资收入加在一起，除以这个国家的 GDP，得到这样一个数字，我们来做个比较，欧美最高，大约是 55%，南美洲平均是 38%，东南亚包括菲律宾、泰国是 28%，中东伊朗、土耳其这些国家大概是 25%，非洲国家都在 20% 以下，我们中国的比例会是多少呢？跟哪个国家比较接近？跟非洲是一个水平总差不多吧！不，中国是 8%，全世界最低！

再看人均工资，第一名是德国，30 美元一小时，第二名是美国，22 美元，泰国是 2 美元，中国是 8 毛钱一小时，也是全世界最后一名。中国人民是个勤劳的民族，我们的人均工作时间全世界最长，一年要工作 2200 小时，中国人拿全世界最少的工资，工作时间全世界最长，多么勤劳的民族！中国的人均收入只有欧美国家的 1/10，如果剔除通货膨胀的因素则只有 1/30，而且欧美国家是高福利国家，我国是低福利国家，人家拿我们 30 倍的工资收入，有医疗免费、义务教育、养老保险、退休金、失业救济等，物价又低，钱经花，而我们只拿人家 1/30 的工资收入，却要承受高额的学费、医疗费，还要防病、防老、防失业，物价又高。

最后看储蓄，上升得也很缓慢。

所以 GDP 高速增长，并不意味着老百姓的收入在高速增长，老百姓的财富并没有相对应增加，反而跟 GDP 的差距越拉越大，因为 GDP 里的“水分”太大，“虚长”的部分太高了。

此外，还有通货膨胀。笔者曾经在 2008 年就预言，4 万亿元救市势必引发通货膨胀，而更可怕的是滞胀，不幸被言中。中国的通货膨胀已经相当严重，人民币对外升值，对内严重贬值。如 97 号汽油价格是美国的1.3倍，电影票是美国的两倍，阿玛尼西装是美国的3倍，松下54英寸的彩电是美国的3.4倍，宝马Z4我们买9万美元，美国是3万美元，李维斯牛仔裤价钱是美国的7倍，我们什么都比美国贵。同样价钱的一块地，美国是一家别墅住一个人，我们是高楼大厦住1000个人。我们的收入既跑不过CPI，又跑不过GDP。起跑以后跑得最慢的就是我们的收入。

中国经济过去30年高速增长，繁荣昌盛，其实有很多虚假的成分，GDP增长的含金量并不高。

血汗钱的一部分又高价买了外国品牌的产品

这还没完，中国人民用血汗和倾家荡产换来的钱都哪去了呢？除了高价支付房价即地价回到地方政府、银行和房地产商那里外，中国人还用于购买外国品牌的产品了。不仅在国内买，还打着“飞的”去国外买，因为同样品牌的产品在国内的售价要比在国外高很多。而众所周知，中国人民的人均收入则只及欧美发达国家的1/10，福利更不如人家，却要花比外国人高得多的价格买同样的产品。中国已经成了世界奢侈品消费第一大国，什么叫奢侈品？就是国外的品牌产品，而且是中国制造的！这里转了一圈，中国人民用血汗和倾家荡产得来的一点微薄的血汗钱中的另一部分又回到了世界品牌那里去了，被世界品牌赚走了，东西还是中国人自己用自己的资源和血汗制造出来的东西，钱却被外国品牌运营商赚走了。

2013年，中国人的出境旅游消费总量居世界第一，超过了1亿人次，这意味着什么？意味着中国人民用血汗和倾家荡产得来的一点微薄的血汗钱中的又一部分用到了世界各国的消费上，用在了拉动世界各国的内需上了，这钱又被外国人赚走了。

中国人自己在中国买价格高得离谱的房子（实际是付地租），而且还到海外去买外国人的房子，因为中国的房价（地价）实在是高得没法买了，就到外国去买外国的房子吧！中国人把很多国家的房价都炒高了。这意味着什么？这意味着中国人民用血汗和倾家荡产得来的一点微薄的血汗钱中的又一部分用在了拉动世界各国（主要是欧美发达国家）的内需上了。

剩下的血汗钱又转移到国外，拉动发达国家的内需

还有一个不争的事实和公开的秘密：中国的富豪群体、精英阶层和政府官员（裸官）投资移民、转移资产现象严重，据斯诺登爆料，中国官员在国外存款达 4.8 万亿美元，约为 30 万亿元人民币，按现金持有占总资产的 1/3 算，贪官们的海外资产达 100 万亿元！这是个什么概念呢？中国搞全民免费医保每年需要 1600 亿元，贪官们的海外资产可以搞中国全民免费医保 625 年。

中国 90% 的高官家属和 80% 的富豪已申请移民或有移民意愿，仅从 1995 年到 2005 年的 10 年间，中国就有裸官 118 万，资金都存在国外。

2010 年，发展中国家流向海外的“黑钱”比前一年增加 11%，达到 8588 亿美元，中国占近半数，损失资金达 4204 亿美元。马来西亚和墨西哥损失规模分别排第二和第三位，不过中国流失的金额却是它们的 8 倍。

报告说，发展中国家流失的资金数目庞大。2011 年，经由非法途径从中国往外转移的资金达 6020 亿美元。一年之中，中国流向海外的黑钱就高达 6000 亿美元，其中流向美国的高达 4200 亿美元。要知道，2011 年，我国 GDP 才 7 万多亿美元；而我国和美国的贸易总额才 4000 多亿美元，我国对美国的贸易顺差才 2000 亿美元。每年中国的失血，已经吞噬了近 10% 的国民财富。2000—2011 年累计的外流资金，高达 3.79 万亿美元。

比如，中国前铁道部部长刘志军落马之后，刘志军的铁杆兄弟、前铁道部运输局局长、铁道部副总工程师张曙光一人就在美国和瑞士存款高达 28 亿美元，约 150 亿元人民币，其妻子女儿早已定居美国，在美国洛杉矶置有三处豪宅。我们知道，中国台湾前领导人陈水扁之妻向瑞士汇了 7.5 亿台币，被披露后引起了全台湾人的极大愤慨，陈水扁夫妻也因此受到台湾执法机关的严厉追究，被双双重判。按台币对人民币的汇率计算，7.5 亿台币即是 1.63 亿元人民币，150 亿元人民币即是 689 亿台币，张曙光个人的海外赃款，竟是陈水扁海外洗钱额的 92 倍之多！在我国，一个中等水平的县，每年全年的财政收入差不多也就是 1 亿元人民币，张曙光的 150 亿元海外巨额赃款，也就相当于 150 个这类县一年的财政总收入！

目前，中国公民的大量资产正流向海外，与此同时还有大批的中国富人移民海外，形成当今规模最大、速度最快的财富移民之一。

假如能逆向思维，那该有多好

更为关键是，这样的高地价高房价又都卖给了咱们中国人自己了，我们没有听说哪国的资本家纷纷到中国来买房的，假如我们把这样的高地价高房价卖给外国人，而且只卖70年土地使用权，老外出巨资纷纷抢购，钱都给了中国各地方政府，转化为地方财政收入，支援了中国的现代化建设，又帮助中国的银行获得长期稳定的利息回报，房子在中国，外国人到中国来吃住又拉动了中国的内需，70年到期时又可以把土地连带地上的建筑物无偿收回国家所有，或者再以更高的价格卖它70年，那该多好啊！然后把中国制造的产品低价贱卖给咱中国人，让中国人享受低物价高品质的生活。可惜啊，我们做反了！我们为什么不反过来做呢？因为人家没有我们傻，人家比我们聪明。

把中国廉价资源和廉价劳动力生产的廉价商品，装船运往美欧等西方国家，美国则开动印刷机印制美元付给中国。

为防止中国用这些美元购买美国商品，便让中国用这些美元购买美国国债，用这种方式把付给中国的美元又收了回去，最终结果是中国两手空空，什么都没有。13亿中国人民流血流汗生产的财富，完全是“无偿”地白白奉献给了西方国家。

要能够满足美欧20多个发达国家对廉价商品的需要，至少要牺牲一个资源丰富的大国，而目前能够牺牲的大国只有中国。俄罗斯已经站起来了，美欧都放弃了对俄罗斯的资源幻想。印度遍地都燃烧着民族主义的大火，美国在印度连肯德基、麦当劳、可口可乐都卖不出去，要想把整个印度作为牺牲品更不可能。特别是美欧等西方国家始终没有找到控制印度知识分子的有效方法。当然，在掏空中国资源、毁灭中国以后，美欧等西方国家能否通过战争等其他手段控制印度，则另当别论。但是至少在目前，牺牲中国比牺牲印度更加容易。

这就是“中美国”的基本经济内容。所谓“中美国”的基本含义，就是中国人生产，美国人消费，形成了生产消费不可分割的新型经济体。美欧等西方发达国家已经是家家都有中国商品，人人都离不开中国货物，

全体国民的生活已经建立在了消耗中国资源和牺牲中国环境的基础之上，只能继续维持牺牲中国的发展方式。

“中美国”的形成，已经使中国人民付出了极其巨大的经济代价，中国向西方国家搬运财富的历史过程，至今已经持续了30多年，期间不分白天黑夜，无论太平洋还是大西洋，所有航道上都挤满了来往穿梭的巨型货轮，在抓紧从中国搬运财富，这是人类历史上第一次兵不血刃地在经济上瓜分一个大国。

中国60年艰苦奋斗的结果，就是创造了4万亿美元外汇。现在2万亿美元外汇资产的绝大部分被美国占用；国内2万亿美元的产业资本归外资所有；这两个2万亿美元反映了中国60年的创业和积累等于白干。

还有，我国对外贸易占GDP比重超过70%，对外贸易中外资又超过70%，这两个70%反映了中国老百姓天天在为美欧等西方国家生产。西方“经合组织”20多个发达国家中，家家都有中国产品；美国财政收入中超过四分之一是依靠中国购买国债的资金；中国完全变成了西方国家的“厨房”。而为了生产这些产品，中国人民失去了富裕，失去了福利，失去了保障，失去了健康，失去了青山绿水，失去了美好家园，以至于看不起病，买不起房，甚至到了“死无葬身之地”的绝望地步。

所有这些财富损失中国人民都认了：要求把中国商品的70%以上运往美欧等西方国家，中国认了；要求控股中国产业，中国认了；要求开放中国金融市场，中国认了；要求中国给外资特殊优惠，中国认了；要求进入国民生死攸关的水务等公共产业（美国自来水公司归国防部直接领导，连美国私营公司都禁止进入），中国也认了……就这样，一认再认，一退再退，终于退到了已经无法再认，无路再退的地步。掏空中国资源，摧毁中国环境，牺牲掉中国13亿人口。

可以说，30多年来西方国家在不消耗本国资源和不破坏本国环境的情况下，在彼此没有争夺资源战争的情况下，能够尽情享受美好生活，完全是依靠牺牲中国的资源和环境，牺牲中国人民的健康和生命。否则，单是对资源的争夺，就会使美欧等西方国家陷入炮火连天的战争之中。所以，对于美欧等西方国家来讲，放弃毁灭中国的发展方式已不可能，这不是一个意识形态问题，也不是一般的利益问题，而是根本的生存和发展问题。

美欧等西方国家“弱肉强食、优胜劣汰”的丛林哲学，使得他们把牺牲有色人种国家，看得如同牺牲鸡鸭狗兔等一样理性自然。美欧在WTO起诉中国，要强制中国扩大稀有金属和焦炭出口，这已经不再是一个简单的经济殖民化问题，而是在试探突破13亿中国人民的生死底线。已经接受了穷光蛋命运的中国人民，不可能再继续接受死亡的命运。

顺便说一句，中华民族具有5000年悠久历史和灿烂文化，很多宝贵的东西源自中华，中国首创，却被外国人发扬光大。例如，“四大发明”中的火药被外国人发扬光大，制造枪炮，用来打败中国。例如，智慧和谋略即策划中国人从来不缺，也决不亚于世界任何国家，却被外国人发扬光大，用于商战，用来对付中国，而中国却在异口同声的“莫谈战略，只管细节”“落地、落地、再落地”“实操、实操、再实操”声中只顾埋头拉犁，不管战略方向，结果被人家打得一败涂地。重视战略和策略，是时候了。

品牌强中国，实现中国梦

我们知道，中国梦是中华民族复兴之梦，是中国再次成为世界第一强国之梦。而一个世界第一强国，必然是世界500强企业最多的国家，

必然是世界品牌最多的国家，必然是诞生世界首富最多的国家！一如今天的美国。

中国已经成为世界上第二大经济体，中国 GDP 接近世界第一，但人均 GDP 却还很低。2008 年美国的人均收入为 3.76 万美元（世界排名第 4），而中国的人均年收入仅为 1100 美元（世界排名 109 位）。我们生产的总量是很大，但是我们的人均低，所以人们挣的钱并不多，再加上高房价、高物价，低福利，我们支出的很多，生活成本很高，国民并不富裕，国家并不强。因为强的标准不是总量大而是人均大。

中国制造的产品虽然已经遍布全世界，但是，中国并不是一个品牌大国，中国的世界品牌寥若晨星。全球最有价值的 100 个品牌中，中国品牌的身影从未出现过。在“世界品牌 500 强”排行榜中，美国以 247 席几乎占据了一半，而中国却仅仅有 12 个入选。中国是世界第一大出口国，世界品牌大多是中国制造的，世界各国商场里的产品超过半数以上是中国制造的，但是没有中国的品牌。中国出口的商品中 90% 是贴牌产品，拥有自主品牌的不足 10%。没有品牌就只有低价贱卖。比如，一块瑞士劳力士手表卖 500 美元，在中国制造的一模一样的手表只能卖 5 美元，价格相差 100 倍。也就是说用同样的资源消耗，在瑞士生产的手表是在中国加工生产的手表的产值即 GDP 的 100 倍。如果中国也要达到 500 美元的产值即 GDP 就要消耗掉是瑞士 100 倍的资源。全球每 3 件出口服装中就有一件是中国制造的，但如果你到欧美国家转一圈，却很难找到一件中国名牌服装，所以，中国制造要用 8 亿条裤子才能换回人家一架飞机！8 亿条裤子，这是多么巨大的原材料消耗！多么巨大的能源消耗！多么巨大的环境污染和生态破坏！多么巨大的劳动力消耗！但获得的 GDP 却只相当于人家一架飞机！不仅这样获得的 GDP 代价巨大，而且在这样获得的 GDP 里面利润低微，即剩余价值少得可怜。占据全球市场份额 30% 的中国领带，利润不及世界的 5%；产量占全球 80% 的中国手表，平均出口价格为1.3美元，而瑞士手表的平均出口价格却高达329美元。由于没有品牌，一火车皮的阀门拉出去也就卖100万元，而品牌阀门2个就能卖100万元。没有品牌，中国的GDP里面资源、能源消耗巨大，付出的环境、生态、劳动力代价惨重，利润低微。而世界品牌占全球产品量不到3%，销售额却占到50%左右。有品牌，资源、能源消耗甚微，环境、生态、劳动力代价很小，对GDP的贡献却巨大，利润十分丰厚。没有品牌，意味着中国只能做从事繁重劳动的“世界工厂”，更让中国企业逐步沦为国外品牌的“加工厂”，巨额利润却被国外品牌获得，而把环境污染、资源消耗、能源浪费等苦果留给了中国。

可见我们挣的是可怜的血汗钱，是卖劳动、卖资源、破坏环境和生态挣的钱，因为我们是在单纯地生产、加工、制造。这种粗放式经营模式消耗了大量资源，造成了环境的污染、生态的破坏，简直是寅吃卯粮，把子孙后代的资源都消耗尽了。这就是中国成为“世界工厂”以来，为什么我们的产业不能升级、资源浪费、环境污染、生态遭到破坏的根源。中国成为“世界工厂”以后的几十年确实促进了中国经济的发展，但是，也不可否认消耗了大量的资源。

而今天的中国人又都喜欢买品牌，但买的都是外国的品牌，在国内买还不够，还要搭着差旅费到国外去买，尽管买回来的往往是中国人自己制造的外国品牌。

一方面，我们的产品因为没有品牌而只能低价贱卖，挣的是可怜的血汗钱；另一方面，我们又要用可怜的血汗钱在国内外买我们中国人自己生产的、价格高得离谱的、在国内的价格比在国外的价格还高的外国品牌的产品。这种品牌的侵略才是最血淋淋的经济侵略。因为中国没有品牌，中国人宝贵的血汗钱都被外国品牌赚走了。据《国家健康报告》数据显示，中国人大约有超过60%的财富都被洋品牌赚走了。这就是中国制造的悲哀，也是中国没有品牌的悲哀。

所以要成为世界第一强国就要打造中国品牌，使中国成为品牌大国。因此，要实现中国梦，中国制造向中国品牌进军势在必行。中国成为世界品牌大国将会使得中国真正成为世界第一强国。

1. 从中国制造到中国品牌是中国经济转型升级和实现中国梦的必由之路

有专家学者对中国制造应该升级换代早已提出了建议，几乎一致的意见是“中国创造”，这一字之差被弄得很高妙，很玄虚，似乎是太正确了，太毋庸置疑了。其实大谬不然。如果不是把中国制造升级到中国品牌，而是升级为中国创造，那么中国经济将更惨！因为中国创造比中国制造需要更大的投入，从而产生更高的成本，而如果中国创造没有成为中国品牌，势必仍然低价贱卖，仍然避免不了成为世界品牌的贴牌加工厂的命运。一方面是更高的成本投入，另一方面仍然没有品牌从而继续低价贱卖，中国经济的命运难道不是更惨吗?

所以，笔者认为中国创造很好，但是这还不够，最关键的是要从中国制造向中国品牌升级，要创造出中国品牌来，而不光是技术创新，产品创造，真正的品牌强中国的时代到来了，中国要成为世界第一强国，一定要成为品牌大国。因为只有品牌才有溢价，才会有附加值，才能节约资源，保护环境和生态，彻底走出粗放式经营模式，上升为集约化经营。如果中国品牌屹立于世界品牌之林，我们就不会去买洋品牌了，资金也就不会外流了。

所以光有中国创造是远远不够的，必须升级为中国品牌，至于产品和技术创造与否并不是关键。世界品牌发展的历史和现实告诉我们，世界品牌并不一定需要有多少“创造”的含量，大量世界品牌，如麦当劳、肯德基、可口可乐、百事可乐、路易威登、劳力士等并没有多少创造的含量，几十年甚至上百年来没有创造、创新，但是仍然受到消费者的钟爱，是因为他们是世界品牌。即使是在高科技领域，比如，苹果手机畅销全世界，也并不是因为它是创造，而是因为它是世界品牌，大家才会争相购买，苹果手机从零部件，到所有的应用软件，再到生产加工，没有一样是苹果公司自己创造的。这说明了世界品牌并不都是创造的，只是因为他们是品牌才会得到消费者的青睐。因此，如果中国企业盲目地创造，而没有品牌，创造得越多死得就会越惨。因为创造需要研发，需要加大成本，成本更高而没有品牌价格还是一样低。因为消费者不会为创造埋单，只会为品牌埋单。

2. 由中国制造向中国品牌升级，也是建设美丽中国、生态中国，实现资源节约、环境保护 、生态文明、集约式发展的必由之路

改革开放 30 多年来，中国经济的转型升级问题一直是老生常谈的老大难问题。什么叫中国经济的转型升级？就是中国经济由粗放式发展向着集约化发展的转型和升级。什么叫粗放式发展？依靠资源浪费、环境污染、生态破坏、劳动密集、低附加值、高消耗的增长方式，这种增长方式是中国制造的必然后果。比如，我们生产一块劳力士手表卖给人家是 5 美元，而人家一块劳力士手表卖给我们是 500 美元！换句话说，消耗同样的资源，我们生产 5 美元的国民生产值，而人家却能生产 500 美元的国民生产值！原因只在于人家有“劳力士”这个世界品牌，而我们只是生产了同样的手表而已。这就是品牌的力量。假如我们要将国民生产值增长到 500 美元，我们必须消耗 100 倍的资源，增加 100 倍的环境污染、生态破坏、劳动力消耗等。这就是有品牌和没品牌的区别。反过来说，如果我们生产的这块手表就是劳力士，而不是为劳力士贴牌生产的，那么我们比后者可以节约 90% 的资源消耗，从而同样可以减少 90% 的环境污染、生态破坏、劳动力等。再假如，我们将劳力士手表委托加工，让别国去生产加工，则我们完全不必消耗原材料资源，只是减少了 5 美元

的国民生产值而已。为什么30年来中国经济学界和政府领导一直在喊转型升级而又始终无法实现转型升级呢？因为30年来的中国经济一直是中国制造，没有成为中国品牌。经济转型在我国被倡导了很多年了，但是始终没有转型，就是因为品牌没有被提上议事日程。十八大报告中再次强调了中国经济的转型升级问题，强调要建设美丽中国、生态中国，要节约资源，保护环境，李克强总理也再三强调要打造中国经济的升级版。笔者认为，中国产业升级的出路在中国品牌，由中国制造向中国创造转型最根本的是要向中国品牌转型。中国经济升级必须由中国制造升级为中国品牌。有了中国品牌之后，中国才能真正实现经济的转型，资源节约，环境保护，生态也不会被破坏了，困扰中国经济已久的问题都可以从打造品牌上得到解决。一旦中国经济由中国制造升级为中国品牌，生产同样的国民生产值就可以大大降低资源消耗，从而大大降低环境污染、生态破坏、劳动力消耗等，美丽中国、生态中国也就自然形成，中国经济真正由粗放式发展向着集约式发展升级，十八大提出的这些老生常谈的老大难问题都可以得到一揽子解决。如果中国制造升级为中国品牌，消耗同样多的资源可以增加10倍、100倍的国民生产值，从而实现国民经济的高速增长。因此，由中国制造向中国品牌升级，不仅是打造中国经济升级版、建设美丽中国、生态中国，实现资源节约、环境保护 、生态文明、集约式发展的必由之路，也是实现中国梦的必由之路。品牌强中国，实现中国梦。

要实现中国梦，实现中华民族的伟大复兴，要使中国真正成为世界经济第一强国，中国必须要从制造业大国转型升级为品牌大国，走品牌强国之路。

3. 转型升级和打造中国品牌已成高层共识、国家战略，势在必行

中国经济过去30多年增长的模式、代价和现状，这种寅吃卯粮的增

长方式，这种透支子孙后代的增长方式，这种付出环境污染和生态破坏巨大代价的增长方式，这种廉价榨取中国人民血汗的增长方式，这种粗放式的经济增长方式，是有极限的而且极限正在到来，是不可持续的，因为一个国家的资源是有限的，能源是有限的，原材料是有限的，生态环境是有限的，人民的血汗是有限的，土地也是有限的，一共只有960万平方千米，卖完就再也没有了（70年内）。

过去的历史很辉煌，但中国制造的历史使命已经完成了，应该告一段落，画上句号，必须转型升级了。这是国家战略，更是新一届领导集体的共识。

习近平总书记上任伊始就旗帜鲜明、深谋远虑地提出了意义深远、内涵丰富的中国梦，把国家富强、民族复兴、人民幸福的中国梦作为治国纲领和奋斗目标，把人民幸福作为根本的出发点和立足点，不再把GDP作为政绩指标和干部晋升考核的指标了，并主动调低了GDP指标，这就从根源上和根本上扭转了中国社会经济发展的战略和指导思想。有了这种正确的发展战略和指导思想，不惜一切代价和单纯追求GDP增长的一系列错误做法才有可能得到纠正，中国社会经济一系列问题的解决才有可能和希望。

党的十八大报告更是旗帜鲜明地提出了全面深化改革和中国经济必须转型升级的问题，要从粗放型增长方式向集约型增长方式转变，建设美丽中国，促进生态文明，李克强总理更是提出要打造中国经济的升级版。这种战略指导思想为改变过去那种依靠消耗资源和环境的“中国制造”式的经济增长方式提出了要求，从而使得探讨和提出这样的解决方案成为可能。

十八大报告及此后出台的一系列政府政策文件只字不提房地产调控，却提出了新城镇化的国家战略，并加大了反腐败的力度，推进公务人员财产公示制度，打击“裸官”，严禁贪官外逃和财产向境外转移等。结果房价开始回落，腐败得到惩治，探讨和提出新的经济增长方式既成为可能，也成为必需的了。

习近平总书记出访法国时说，中国这头东方的睡狮已经醒了，这意味深长，意味着西方列强掏空中国资源、摧毁中国环境、牺牲掉中国13亿人口、殖民化中国经济的企图，中国已经明白了，并必将采取措施改变这一局面。

习近平总书记和夫人彭丽媛出访时穿中装和国产品牌的服装，拎国产品牌的包，习总书记在国内吃庆丰包子，政府公务用车由奥迪改成了红旗。这一切都是在倡导和释放信号：中国人用中国品牌、中国人打造中国品牌，是时候了。即便是本书的主题“品牌强中国，实现中国梦”，新一届领导班子不仅已经意识到，而且已经身体力行地在倡导了。或者反过来说，笔者所倡导的“品牌强中国，实现中国梦”，与新一届领导班子的强国战略是高度一致的。

这一切都是针对以上问题的极好的综合解决方案，表明新一届领导班子对中国经济存在的问题了如指掌，绝不回避，下决心解决，笔者举双手赞成。作为全体中国人民的一分子，对习李新政拍手称快，并甘当竭尽全力出谋划策。作为一名经济学家和策划专家，笔者不谈政治，专谈经济和策划，以提出经济的对策为己任，为中国经济的转型升级提出解决方案，为实现中国梦从经济上提出解决方案，这才是本人的目的和本书的写作宗旨。

第九章　用新城镇化战略拉低房价并拉动内需

前面讲过了，房地产调控立竿见影的办法就是银行停止贷款，根本的办法则是打造中国品牌，走品牌强国之路。现在再出一招，就是新城镇化大策划。按照笔者提出的新城镇化大策划的方案，跳出房地产调控这个怪圈，站到新城镇化的国家战略的高度，让新城镇化成为有力地拉动内需、拉低房价的一个强大的手段。这样的新城镇化是在增加供给，大量的新城镇建设，大量的廉价房低价房的供应，5000 元、3000 元甚至 300 元一平方米，大部分人都买得起，这就从根本上解决了低收入人的住房问题，需求就大大地降低了，对现有城市的购房压力就一下降下来了，需求降低了，压力降下来了，供给加大了，自然房价就降下来了。新城镇化就能使中国的房地产回到良性的轨道上来，从而使中国经济不用崩盘不用发生经济危机，多好的事。而且新城镇化还能成为拉动经济增长的手段。如果房价跌下来，经济发生危机怎么办？城镇化是拉动经济增长的，这就抵消了房价下跌对经济的负面影响，这是一个很完美的计划。

新城镇化战略如方法不当可能引发中国经济崩盘

中国城市已经“病”得不轻：千城一面，产业同构，功能重复，特色危机，主题缺失，交通拥堵，房价太高，就业难，就医难，就学难，难上加难，这是过去30年城市化造成的“后遗症”。新城镇化如果沿用过去的老路，继续在现有的城市里大兴土木，“开膛破肚”，兴建高楼大厦的话，势必引起房价飞涨，城市“病”“病入膏肓”，导致城市功能瘫痪，进而引发经济的危机。这绝不是危言耸听。要知道，今天尚未过去的世界性金融危机就是由美国的房地产次贷危机引发的。

早在2008年，世界性金融危机初露端倪，中国以4万亿元投资“救市”时，笔者曾经在大年三十夜奋笔疾书，上书当时的温家宝总理，提出一系列应对之策，并指出世界性金融危机对中国来说不啻是“最大商机”，如应对得当，中国可借此机会更快更早地成为世界第一强国，而且中国完全不必用4万亿元“救市”；否则，4万亿元投资“救市”，势必导致通货膨胀，而更为严重的是“滞胀”，即经济的停滞和通货膨胀并行不悖，不幸被言中（详见笔者《金融危机孕育最大商业机会》一书）。今天，通货膨胀早已成为现实，人们已经见惯不怪；新的议论热点是中国经济面临下行的压力，什么叫“下行”呢？就是向下走、增长速度下滑的意思——“滞胀”已露端倪。

笔者早有预言，中国的金融危机不是不会到来，而是尚未到来，是滞后到来，如果房地产调控不当，势必也将由房地产泡沫的破灭而引发。希望不被不幸言中。这就是笔者写作本书的目的。

城镇化是一把“双刃剑”：一方面，城镇化方法不当可能引发中国经济的危机，具有极大的风险性；另一方面，方法得当它又是拉动中国经济增长从而实现中国梦的强大内生动力源，在依靠投资、出口和消费拉动经济增长乏力的背景下，城镇化是一件法宝。

为了化解城镇化可能带来的极大风险，于是，笔者在繁忙的商务策划活动中奋笔疾书，一方面，寻找城镇化以外的拉动中国经济持续增长的强大动力源，另一方面，为新城镇化做策划，避免城镇化可能带来的极大风险，或者说将城镇化可能带来的风险降到最低，使之成为拉动中国经济持续增长的强大动力源，发挥正能量。前者，笔者找到了另一条道路，那就是“品牌强中国，实现中国梦”，在另一本书（《中国梦大策划》）中详细阐述，后者，笔者为新城镇化进行大策划，找到了新城镇化的新路子，在另一本书（《新城镇化与中国城市整体大策划》）中详细阐述。两条腿走路，两股力量推动中国经济持续增长，从而实现中华民族伟大复兴的中国梦。

实现中华民族伟大复兴的中国梦需要中国经济持续增长，增长的动力从何而来？投资、出口、内需是拉动经济增长的三驾马车。依靠投资来拉动，即实行积极宽松的财政货币政策刺激——如 4 万亿元投资“救市”那般——的空间已极为有限了；依靠出口拉动，面对世界经济普遍不景气，出口增长乏力，出口拉动，很难拉动；依靠内需，反腐倡廉从严，内需在一定程度上被抑制，一般意义上的内需很难有持续稳定的大增长了。在这种情况下，李克强总理提出新城镇化，并将它作为拉动中国经济增长的强大内需动力源，上升到实现中国梦的高度，这在战略上绝对是高瞻远瞩的，绝对够高度，绝对是正确的。因为城镇化牵一发而动全身，行业相关度极高，能够带动整个国民经济的发展，但是，中国的事情往往是上面国家领导人播下的是“龙种”，到下面社会上就成为“跳蚤”了。上面的“正”经，往往会被下面人念“歪”。

笔者写作本书的目的，就是防止“正”经被念“歪”，防止播下的“龙种”长出“跳蚤”来，就是让城镇化沿着正确的轨道运营，使之成为拉动中国经济增长的强大内需动力源，成为实现中国梦的重要战略举措发挥正能量的作用，同时避免引发中国经济危机，拉低房价，舒缓城市交通压力，医治千城一面、产业同构、功能重复、特色危机、主题缺失的城市“病”，破解就业难、就医难、就学难等城市难题，解决食品安全问题，建设美丽中国，实现生态文明……按照该书提出的方案实施，这些问题都将迎刃而解。

用新城镇化战略使中国房地产回到良性发展的轨道上来

新城镇化要科学地造新城

中国30年来城市化的最大败笔就是“摊大饼”，即在原有的老城区的中心位置开始毁旧城，造新城，一圈一圈一环一环地向外延伸和重复这样的过程，结果原有城市的文化名胜古迹被破坏殆尽，几千年的文明被毁于一旦，取而代之的是千篇一律的高楼大厦，每个城市的特色不复存在，拔地而起的都是一些同质化的建筑，这是其一；其二，人们总是生活在最拥挤的地方，买的房子也始终是最贵的，例如北京今天四环边上的房价与10年前天安门广场旁边的房价是一样的。以上是在一个个城市里“摊大饼”，“摊大饼”的另一种表现是在整个中国的城市中“摊大饼”：一线城市——二线城市——三线城市……由中国的中心城市向外“摊大饼”。这就好比是一筐苹果，其中有个别苹果开始有点烂了，我们将烂的先吃了，过几天原来好的又有些加入了烂苹果的行列，于是我们还是继续先吃那些烂的苹果，结果我们吃的一筐苹果都是烂苹果。其实一筐苹果中烂苹果只是少数，如果我们换一个思路换一种做法，先挑好苹果来吃，烂苹果就让它们烂在那里，最终我们吃到的全是好苹果的美味，烂掉的只不过是少数。最后来处理那些烂苹果，没准还能生产苹果汁呢？这是两种思路，两种做法，两种结果。过去30年的城市化好比我们吃的都是烂苹果。人们总是生活在挤压之中，交通拥堵，空气质量差，生活成本高，幸福指数低。

新城镇化一定要走出中国30年来城镇化的老路，不能再让老百姓“吃烂苹果”了，要让老百姓都“吃好苹果”，要在新的空地上造新城，而不要再在老城里大兴土木了，远离老城，在城乡之间造新城，将农民迁居新城。

如果中国过去30年城市化采取这种造新城的思路，那么，老城区的文明得以保存，一座座新城拔地而起，新时代的文明得以展现，人口得以疏散，人口密度得以降低，房价也不会那么高，交通也不会那么拥堵了……换一种思路，完全是另外一种结果。

新城镇化要科学地造小城镇

城镇化不是城市化，不是沿用过去的老路去造现代化的国际大都市，而主要是造新的小城镇，在城乡之间，比如在北京周边一小时至半小时车程的地方造100座小城镇——卫星城，这样就可以把大量农村人口就地城镇化，不会再给“首堵”北京添堵了。同时，小城镇与小城镇之间有合理的距离，大量星罗棋布的小城镇又可以使小城镇的人口控制在合理的密度，小城镇也不会拥堵。总之，新城镇化的关键词是造新的小城镇。

城镇化的核心是实现“以城带镇”的发展模式；要使“中心城市”有较强的集聚和辐射带动能力，其城区人口规模应在200万以上（才能以合理的税费，提供较好的公共服务，否则服务不足或腐败），最好是300万以上（才能支撑较发达的公共交通业，比如地铁和航空等）；而“城”辐射带动“镇”的合理半径以不大于200千米为宜（方便乡镇或城区人员到城区或乡镇办事能当天来回）。所以，现有特大城市（特别是省会）200千米之外，如果有较大的区域（3万平方千米以上）和较多人口（1000万以上/容易培育200万人口以上的中心城市），均应培育新的中心城市（比如增设为新省的省会、建设交通干线枢纽、建设综合性的研究型大学等），以实现全国城镇的均衡合理分布，从根本上防止全国的人口只集聚在现有的省会或直辖市（使大城市病越来越严重）。其中，以徐州、宜昌、赣州、桂林和宜宾等城市为中心的区域均是培育新城镇的理想区域。另外，要使“中心镇（县城）”能有效带动全县乡村，“中心镇（县城）”到县域边界以20～30千米（公交的合理距离）为宜。

例如，在上海之外建立许多卫星城，并通过快速交通系统将它们联结起来；未来广州市的城市结构定位在“多核心、网络化”上，运用生态网络、道路网络和信息网络，建立多核心、组团式的城市结构，从而构筑以广州市为中心地区作核心，若干卫星城为次中心，众多组合有序、功能互补、整体协调的重点镇组成的市域城镇体系；深圳市大力发展卫星城，以发达的市域公路网、轨道铁路网、光纤通信网体系将市中心区和卫星城镇连为一体，形成一市多城、众星拱月的都市结构。

例如，北京市可以大兴区庞各庄镇、房山区窦店镇、通州区梆县镇、平谷区马坊镇、怀柔区北房镇、顺义区后沙峪镇等33个中心镇作为重点，进行新型小城镇综合开发建设。充分发挥小城镇在集聚农村人口、吸纳农村劳动力转移等方面的作用，通过小城镇建设，提高郊区城市化水平。按照科学规划、合理布局、设施配套、环境优美、增强特色的原则，经过5～10年的努力，建成一批经济发达、规模适度、规划科学、功能健全、环境优美、具有较强辐射通力的中心镇，镇区常住人口达到2万人左右，形成与首都功能相适应的郊区城镇体系。

新型城镇化要避免“两重两轻”倾向：首先是“重大轻小”，城镇化的重点长期放在特大城市和大城市上，忽视了小城市和小城镇的发展；其次是“重城轻乡”，乡村基础设施建设、公共服务发展、农村新型社区建设严重滞后，城乡差距不断拉大。追根究底，很多地区问题出在规划上。有些地区只注重规划并没有实施策划，没有从实际出发，不遵循城乡发展的规律；有些地区尽管策划有一定的水平，也很符合实际情况，但只停留在“纸上谈兵”，或者“朝令夕改”，“官员一换，计划全变”。

新城镇化要科学地造美丽之城

十八大提出“美丽中国”，到底该如何做？怎样才能达到？如何体现呢？笔者认为，首先应该用新城镇化来体现。换句话说，我们造的小城镇不再是高楼大厦林立了，而是在绿树花草掩映下的绿色小城镇，而且是经过精心策划和设计的花园之都，因此，是一个个美丽的小城镇。

新城镇化要建造的是数以万计、十万计的这样的美丽小城镇，当这样的美丽小城镇在中华大地遍地开花时，那么，新城镇化的过程就是建设“美丽中国”的过程，而当新城镇化完成之时，也必然是“美丽中国”建成之时。这就像美妙的歌声里唱的那样：“我们的祖国是花园，花园里花朵真鲜艳，和暖的阳光照耀着我们，每个人脸上笑开颜，娃哈哈娃哈哈，每个人脸上笑开颜……”生活在“美丽中国”里的中国人民快乐指数、幸福指数也会节节攀升。

新城镇化要科学地造生态小城镇

十八大提出“生态文明”，也可以用新城镇化来实现。新城镇化建造的小城镇是在绿树花草掩映下的生态之城，是经过精心策划和设计的生态之城，低密度的、小高层的，甚至是别墅式的、高绿化率的，有的是依原有地形地貌山势水势而建造的原生态的小城镇，而不是占用大量耕地来造小城镇。

新城镇化要建造的是数以万计、十万计的这样的生态的小城镇在中华大地遍地开花，那么，新城镇化的过程就是建设“生态中国”的过程，而当新城镇化完成之时，也必然是“生态中国”建成之时。

新型城镇化是以城乡统筹、城乡一体、产城互动、节约集约、生态宜居、和谐发展为基本特征的城镇化，是大中小城市、小城镇、新型农村社区协调发展、互促共进的城镇化。新型城镇化的核心在于不以牺牲农业和粮食、生态和环境为代价，着眼农民，涵盖农村，实现城乡基础设施一体化和公共服务均等化，促进经济社会发展，实现共同富裕。

新城镇化要科学地造宜居小城镇

这样的小城镇一定是宜居的小城镇：花园式的城市、可持续发展的环境和生态、高素质的人群、现代化的基础设施等。

这样的宜居小城镇在西方发达国家是城里人向往的地方。城里的有钱人通常都是住在郊区的别墅里的，就是因为那里空气新鲜，环境优美，满目苍翠，人口稀少。假如我们的新城镇化建成的是这样宜居的一座座小城镇的话，我们相信，不仅农民愿意去那里居住，现在居住在大城市里的受挤压的城里人也会自愿移居到这样的小城镇。

新城镇化发展中城乡不搭界的现象逐步改变，城乡居民养老保险、医保、低保等制度将并轨运行，逐步消除附着在户籍制度上的城乡待遇差别，消弭社会经济“裂缝”。在推进新型城镇化的过程中，要着力统筹城乡规划布局、产业发展、基础设施和公共服务，促进城镇基础设施向农村延伸，产业向农村拓展，公共服务向农村覆盖，形成以城带乡、以乡促城、城乡互促共进的发展格局。

新型城镇化是坚持以人为本，以新型工业化为动力，以统筹兼顾为原则，推动城市现代化、城市集群化、城市生态化、农村城镇化，全面提升城镇化质量和水平，走科学发展、集约高效、功能完善、环境友好、社会和谐、个性鲜明、城乡一体、大中小城市和小城镇协调发展的城镇化建设路子。新型城镇化的“新”就是要由过去片面注重追求城市规模扩大、空间扩张，改变为以提升城市的文化、公共服务等内涵为中心，真正使我们的城镇成为具有较高品质的适宜人居之所。城镇化的核心是农村人口转移到城镇，完成农民到市民的转变，而不是建高楼、建广场。农村人口转移不出来，不仅农业的规模效益出不来，扩大内需也无法实现。

新城镇化可以彻底解决交通拥堵、房价过高等老大难问题

假如建成了无数这样的宜居小城镇，多数农民不会再往大中城市里挤，这就可以从根本上避免10亿农民在城镇化过程中往大中城市里挤，原来住在大城市里的居民不堪挤压的情况也会大大改善，而且不少人会纷纷搬出大城市，搬到宜居小城镇去居住。这样一来，大城市的人口密度会大大降低，交通拥堵情况得到根本改善。

往大中城市挤的人少了，买房的人少了，房价自然就会降低。为什么房地产越调控房价还是一个劲地往上涨？为什么迄今为止的房地产调控措施不能从根本上抑制房价？因为迄今为止的所有房地产调控都是在限制需求，而没有从根本上增加低价位高品质的房地产供给！大量宜居小城镇的建造可以提供高品质的低价房，那里的房价只有大城市中心的1/10，而居住品质却比大城市还高，你还有必要往大城市里挤吗？

这样一来，现有的房价会被迅速拉低，大量买不起房的人都可以居者有其屋，生活压力立马得到释放，上学难、就业难、就医难等得到根本改善。

新城镇化要发展现代农业，解决食品安全问题

新城镇化的前提是有产业做支撑，没有产业支撑，人们来了之后还

得离开。工业化带动城镇化，一定程度以后两者相互作用，城镇化又推动工业化发展，再发展到一定程度之后，服务业开始发展，并逐渐超过工业的比重。这是城镇发展的规律，不可违背。

城镇化要解决农民的就业问题。农民进城如果没有工作，那么城镇化就是一句空话。如果大城市的人到小城镇无法就业，那么要真正分流大城市的人到小城镇安居乐业也无法实现。因此，城镇化要与发展现代农业相结合，城镇化不是要让农民脱离土地，成为无业游民，而是要转型升级，生产有机蔬菜、有机粮食、有机水果等，供应给大中城市居民，从而从根源上解决食品安全问题，要让农民成为现代农场主或成为现代农场主的工人，这也就是城镇化为什么要在农村建小城镇，而不是直接将农民送进现有的大中城市的原因。同时小城镇还要着重发展绿色、生态、低碳、环保、节能型产业，这样的产业和宜居生态小城镇当然就能够吸引城里人到小城镇落户了。

城镇化会产生新的城市人口，新的城市人口会产生新的消费需求，新的消费需求会产生新的产业，这种新的产业首当其冲是农业的现代化，产生新的农场主和农场工人，其次是工业和服务业，产生新的产业工人，城镇化是一个产业发展和需求升级互动的过程。城镇化产生新需求，新需求带动新产业。需要强调的是，就像城镇化不能重复过去的城市化一样，产业化也不能重复过去的工业化的老路，即粗放式的、资源浪费、环境污染、生态破坏、食品不安全的老路，而是要产业转型升级，着重发展绿色、生态、低碳、环保、集约、节能型产业。

中国有近10亿农民需要城镇化，10亿人由农民转变为城市居民，这本身会产生十分巨大的新需求，这种需求会带动产业的大发展。13亿人的现代化和近10亿人的城镇化，在人类历史上是没有的，中国这条路走好了，不仅造福中国人民，对世界也是贡献。

城镇化与工业化，可以说是一个问题的两个方面，二者相辅相成。

城镇化需要产业发展来充实，通过产业发展促进就业和创业，同时城镇化也能为产业发展提供更好的平台。推进城镇化，应当坚持城市发展与产业成长“两手抓”，把城镇化与调整产业结构、培育新兴产业、发展服务业、促进就业创业结合起来。

新城镇化要对每一个小城镇进行主题定位与整体大策划

新城镇化建造的小城镇是美丽的小城镇、生态的小城镇、绿色低碳节能环保的小城镇、现代农业的小城镇，但是，如何避免造出千篇一律的小城镇、产业同构的小城镇、没有特色的小城镇、缺失主题的小城镇？怎样避免过去城市化造成“千城一面”“产业同构”“主题缺失”“特色危机”的城市“病”呢？如何避免千篇一律的“农家乐”或“新农村”呢？这就需要对每一个小城镇进行主题定位与整体大策划，从而使每一个美丽的小城镇都各有各的美丽、各有各的特色、各有各的主题、各有各的主题文化、各有各的主题产业、各有各的主题公共艺术、各有各的旅游景点景区等，从而可以合理引导人口流向和产业转移，促进大中小城市和小城镇科学布局、合理分工、功能互补、集约发展。这样的美丽小城镇遍地开花，遍布华夏大地，才是真正的“美丽中国”。否则，几乎一模一样的美丽的、生态的小城镇遍地开花，遍布华夏大地，那是重复建设，势必造成资源的巨大浪费，这样的“美丽中国”也并不是真正的美。千篇一律的美构成的整体就不叫美了，各有各的个性的美才是一个美丽的大中华！

一座座各具主题、独具特色、宜居和适合创业的美丽小城镇以合理的密度遍布中华大地，构成一幅真正美丽中国的风景画，“现代化城市”“千城一面”“产业同构”“主题缺失”“特色危机”的城市“病”可以得到根本医治，房价过高的问题能够得到彻底解决，“美丽中国”“生态中国”才能真正形成。

新城镇化要充分重视小城镇发展在整个城镇化格局中的基础和支撑作用，应当注意统筹协调东部与西部、发达地区与欠发达地区的差距，因地制宜，兼顾区域中心城市、中小城市和小城镇三种类型，确立一个具备高度科学性、全局性、协调性的规划，包括预留调整空间，确保回旋余地，使我国新型城镇化建设真正体现科学发展的要求。